马化腾：有梦想，还需要坚持

温锋◎编著

中华工商联合出版社

图书在版编目(CIP)数据

马化腾：有梦想，还需要坚持 / 温锋编著. -- 北京：中华工商联合出版社，2021.9
ISBN 978-7-5158-3121-3

Ⅰ.①马… Ⅱ.①温… Ⅲ.①网络公司 – 企业管理 – 经验 – 中国 Ⅳ.①F279.244.4

中国版本图书馆CIP数据核字（2021）第191146号

马化腾：有梦想，还需要坚持

作　　者：	温　锋
出 品 人：	李　梁
责任编辑：	胡小英
装帧设计：	华业文创
责任审读：	郭敬梅
责任印制：	迈致红
出版发行：	中华工商联合出版社有限责任公司
印　　刷：	北京毅峰迅捷印刷有限公司
版　　次：	2021年10月第1版
印　　次：	2022年 6 月第2次印刷
开　　本：	710mm×1020mm　1/16
字　　数：	170千字
印　　张：	13
书　　号：	ISBN 978－7－5158－3121－3
定　　价：	48.00元

服务热线：010－58301130－0（前台）
销售热线：010－58302977（网店部）
　　　　　010－58302166（门店部）
　　　　　010－58302837（馆配部、新媒体部）
　　　　　010－58302813（团购部）
地址邮编：北京市西城区西环广场A座
　　　　　19－20层，100044
http://www.chgslcbs.cn
投稿热线：010－58302907（总编室）
投稿邮箱：1621239583@qq.com

工商联版图书
版权所有　侵权必究

凡本社图书出现印装质量问题，请与印务部联系。
联系电话：010－58302915

前　言

2019年1月21日，微信迎来八周岁的生日。而2018年8月，微信的日活跃用户数超过10亿，成为中国第一款日活用户超过10亿的APP，奠定了马化腾互联网行业首屈一指的大亨地位。

成功的企业家无一不是擅长决策的行家，马化腾也不例外。他在腾讯的经营决策中可谓剑走偏锋，走出了一条带有鲜明"马氏"风格的经营之路。做一次正确决策可能不难，难的是每次都能做出恰到好处的选择；突围也许不难，但在众多竞争者的围攻中走向辉煌却并不容易。然而马化腾做到了，他凭借自己的努力最终登上了互联网霸主的宝座。

实事求是地说，腾讯并不是最早开始做聊天软件的，在OICQ诞生前，ICQ早已问世。"小企鹅"（QQ）并不是在太平环境里长大的，微软MSN、新浪、搜狐、网易、中国电信、美国在线……很多公司都在做聊天软件。最初腾讯与这些互联网大亨相比，不管是在资金方面还是在技术方面都弱小得根本不值一提。但修成正果、变身全球聊天老大的却只有腾讯一家。其中也许有运气成分，但绝不仅仅是因为运气，更重要的是马化腾杰出的决策力。

腾讯是一家技术公司，更是一家娱乐公司。从"什么火，做什么"到"做什么，什么火"，马化腾高人一等的决策之术可谓是出神入化。QQ对于他来讲不是工作，完全是兴趣。在他看来，玩是年轻人的天性，也能成为生产力。就是因为吃透了年轻人的特点，所以腾讯开发出"免费聊天+

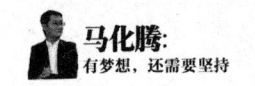

娱乐服务"的经营模式。

如今，微信已经被无数普罗大众习以为常，但很少有人知道微信背后移动社交市场的风起云涌。尽管腾讯几乎拥有所有的移动社交市场，但大到互联网巨头，小到创业团队，谁都想分一杯羹。一旦停止前进的脚步，立即就会被竞争洪流所吞没。从微信电视到微信空调，再到微信支付和微信导航，马化腾时刻都在奔跑的路上。

这是一个飞速发展的时代，新技术的更新换代速度已经到了令人惊叹的地步。从云计算、云存储到新兴的移动电商，从异军突起的互联网金融到越来越详细的网络地图，腾讯始终都走在潮流的最前沿，影响着整个互联网的风云变幻。

腾讯微云于2012年7月正式推出，在短短不到一年的时间里就突破了一亿用户的大关。

支付宝的市场份额高达50%，但马化腾依然决定进军网络支付领域，并组建了微信支付、QQ支付和财付通的主力军团。

腾讯地图错过了智能机普及的黄金竞争期，但马化腾以200万公里的街景采集行程迎头赶上。腾讯地图不仅仅是地图软件，而是又一个新型战略性平台的前身。

一路走来，无数的事实见证了"帝企鹅"的成长神话。但腾讯并没有因此而致力于成为互联网领域的主流创新者，马化腾这种避重就轻的经营决策大大降低了企业经营的风险。什么产品好就去模仿什么，然后在此基础上不断延伸产品线，最后借助QQ免费平台获得用户。尽管马化腾为此被扣上了"抄袭大王"的帽子，但事实胜于雄辩，模仿基础上的微创新确实比颠覆性创新更容易成功。从这个角度来讲，马化腾的决策不可谓不高明。

从一个小小的聊天软件，逐渐发展到一个综合性的网络平台，是等着被对手鲸吞蚕食，还是先下手为强？腾讯明显选择了后者。十几年前差点被卖掉；十几年后用户已经超过一个大国的人口。如今，腾讯已经成为改变互联网生态的标杆性企业。

突围成功不是偶然，而是一种必然，因为马化腾始终都坚持着最初的梦想，踏踏实实地去做，从未放弃！

目　录

第一章　勇敢去闯，不成功便成仁

小马过河知深浅　　　　　　　　　　　　002
守业还是创业，这是个问题　　　　　　　005
要么成功，要么债务缠身　　　　　　　　008
生存下来才是最重要的　　　　　　　　　012
死也不服输，换名也决不放弃　　　　　　015
"绝望"时更要敢做风险投资　　　　　　　018
用环境来塑造人　　　　　　　　　　　　021

第二章　先攒用户再盈利，"转化力"定乾坤

免费是最好的营销方式　　　　　　　　　024
如何盈利是个大问题　　　　　　　　　　027
如何把用户群转化为消费者　　　　　　　030
收费是"出路"还是"死路"　　　　　　　033
醉翁之意不在酒，在乎广告也　　　　　　036
虚拟货币，天马行空的赚钱经　　　　　　040

· 1 ·

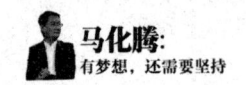

第三章 娱乐至上，玩出来的生产力

"有趣"比"有用"更能吸引关注　　044
Q时代，Q人类，Q生活　　047
在"玩"字上找商机　　051
腾讯做的不是生意而是生态　　054
娱乐性具有无限的可能　　057
打造小QQ的休闲大品牌　　060

第四章 微社交，产品不大威力不小

微信摇一摇，打造微社交　　064
三巨头联姻力挺"微信电视"　　067
智慧家电，微信空调横空出世　　070
微信PK微博，谁是真正赢家？　　073
认证收费，腾讯打的是什么主意　　077
产品不用大，关键是"精"　　080

第五章 一个平台全面开花，"小企鹅"的扩张计划

平台为王，做什么，什么火　　086
干掉MSN，国内聊天我最大　　088
网游的蛋糕，腾讯要分一块　　091
进军门户，誓要三分天下　　093
大胆加入IT巨头的搜索大战　　096
全面开花，演绎"帝企鹅"神话　　099

第六章　加入存储大战，云服务成就亿级俱乐部

微云，见证互联网的竞争速度　　　　　　　　　　104
储存空间大战在所难免　　　　　　　　　　　　　106
开放 API，微云的无敌撒手锏　　　　　　　　　　108
没有什么比用户的信任更重要　　　　　　　　　　111
仅 1 年就升级为亿级俱乐部　　　　　　　　　　　112
全业务竞争的时代到来了　　　　　　　　　　　　115
整合平台是唯一出路　　　　　　　　　　　　　　118

第七章　要么吞并他人，要么等着被吞并

社交流量＝电商流量？　　　　　　　　　　　　　124
移动电商的困惑与纠结　　　　　　　　　　　　　126
进军电商，防御 or 进攻？　　　　　　　　　　　 128
让"微信"成为一种潮流　　　　　　　　　　　　131
互联网将改变每一个行业　　　　　　　　　　　　135
抓住用户就是抓住商机　　　　　　　　　　　　　138

第八章　三面出击，全力攻占网络支付领域

你有支付宝，我有财付通　　　　　　　　　　　　144
二维码叫板声波支付　　　　　　　　　　　　　　146
APP 拉动腾讯虚拟产品线　　　　　　　　　　　　149
你敢付，我敢赔　　　　　　　　　　　　　　　　151
三合一，玩转互联网金融　　　　　　　　　　　　155

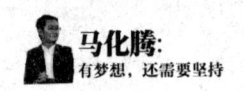

网络支付格局重新洗牌　　　　　　　　　　　　157

第九章　街景地图，足不出户看天下

抓住未来的趋势　　　　　　　　　　　　　　162
我不入地狱，谁入地狱　　　　　　　　　　　　165
腾讯地图不仅仅是个地图　　　　　　　　　　　168
借微信登"网上中国"的大船　　　　　　　　　171
200万公里街景，这就是优势　　　　　　　　　174
沿着街景地图"走"世界　　　　　　　　　　　176

第十章　甩掉"抄袭"帽子，"微创新"走起

拷贝也能创造生产力　　　　　　　　　　　　182
"后发"是避险的最好方法　　　　　　　　　　183
马化腾不是"抄袭大王"　　　　　　　　　　　184
谁说后起之秀就不能大显身手　　　　　　　　186
"微创新"更容易创造奇迹　　　　　　　　　　189
微创新，助力慈善　　　　　　　　　　　　　192
腾讯式创新，一步一个脚印　　　　　　　　　195

第一章

勇敢去闯，不成功便成仁

面对激烈的互联网市场竞争，最终能够存活下来的大概只有10%。由此可见，在互联网领域创业，其惊险程度不亚于高空走钢丝。尽管如此，马化腾硬是凭着突破重围、绝地反击的勇气和智慧，在惊险中获取了最后的胜利。其中也许有运气成分，但他的成功绝不仅仅是因为运气。

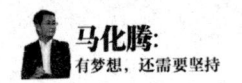

小马过河知深浅

我们都知道"小马过河"的故事，故事里的小马不仅容易相信别人，而且缺乏自己的判断。马化腾这只"小马驹"却恰恰相反，在互联网行业中，马化腾非常清楚自己的目标，做好事前准备，以及前进路上可能遇到的障碍。

首先，马化腾向自己提出的第一个问题就是：我是不是擅长做互联网行业？1984年的时候，马化腾跟着父母从海南迁居到深圳。在20世纪80年代，深圳可以说是全国最年轻的城市，"时间就是金钱"这句口号响遍了大街小巷。当时的马化腾还是一名初二的学生。迁到深圳以后，马化腾马上被这种高速的发展所影响，在他的眼中，这个城市的每一天都是新鲜的，所有的一切都在发生着日新月异的变化。计算机，作为当时的新兴行业，也在深圳开始萌芽。报考大学时，马化腾决定放弃原本选择的天文系，改为报考计算机系。这一决定，为他日后的成功奠定了基础。

深圳大学的学风偏向于改革和创新，这一点或许和城市发展有着直接关系。进入大学后，马化腾对计算机编码和互联网产生了浓厚的兴趣。当时，马化腾对未来的设想，仅仅是成为一名UNIX或者C语言方面的大师级程序员。在读大学的时候，为了能够有更多时间上网，马化腾常常在学校机房里一待就是好几个小时，但是就算这样，还是不能满足他的上网需求。后来，马化腾想到一个妙计，他故意把一些病毒放到学校机房的电脑里。然后就出现了一种怪现象，每当马化腾在机房的时候，这些病毒就能够轻易被"制服"。但是随着时间的推移，机房电脑里面的病毒非但没有减少，反而变得更多了。经过一段时间的观察，老师们终于发现了原来是马化腾在搞鬼，于是严厉地批评了他，但与此同时也发现了马化腾优秀的专业技能，并对他的学习热情给予肯定。经过这场小风波，马化腾终于有了难得的上网机会。

除了对学习抱有极高的热情之外，马化腾对于自己的优缺点也有着非常清醒地认识，因此，他在大学期间交到了很多志同道合的朋友，张志东、许晨晔和陈一丹都是那时认识的，这也为后来的腾讯创立打下了坚实的基础。

除了掌握专业的技能，和朋友们建立起深厚的友谊外，马化腾还对市场做了初步的分析。他认为在中国做互联网，用户是非常不稳定的，哪家公司的软件好，用户就会用谁的，所以要想创办出自己的公司，就必须对自己所从事的工作非常专注。

除了是否擅长之外，还需要考虑的就是：如果自己创办的公司解散了，对于用户来说，会不会有损失？假如自己所研发的软件对于用户来说可有可无，那么自己的根基就没办法站稳。在创业初期，马化腾和他的团队曾经有一段时间做过网络邮箱，虽然能够在短期内积聚大量用户，但是这些用户并不稳定，在短期内也会大量流失。因此，马化腾很快就从这一领域退了出去。

后来马化腾开始进军游戏领域，当时他把专业技术强的人员都放进了这个项目，就是为了能够打好基础。同时，在做游戏时，他也会权衡利弊，和那些大型网游相比，棋牌游戏的运行历史更稳定，而且也比较容易在短期内显露出效果，所以腾讯就专攻棋牌类游戏。

在进入市场时，马化腾还考虑了一个问题，那就是如果自己决定要做互联网，那么在强手云集的新兴行业中，自己能够有多大的胜算？自己的竞争优势能够支撑多长时间？这一思考，让腾讯公司从主要做无线通信网络，转向开发即时通信软件。

在1999年的时候，无线寻呼行业已经开始走下坡路，而腾讯公司的

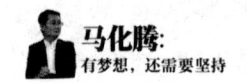

主打产品依然没有变化。另外，当时腾讯推出的OICQ作为公司的副产品，已经拥有了上百万的用户，审时度势后，马化腾决定"多管齐下"：首先，继续发展无线寻呼，这样就能够给公司带来大量利润；其次，开始将更多的精力转移到OICQ上面来，因为这种即时通信软件，日后一定能够占领大部分互联网市场；同时，开始对外寻找投资人，通过获得外来的风险投资，壮大自己的力量，帮助自己更好更快地发展。通过这三个方面的努力，马化腾带领腾讯走上了创造辉煌的道路。

　　马化腾之所以要做互联网行业，并不是一时兴起、感情用事，而是经过了认真地思考，并对市场有一定了解之后才决定的。问自己是否擅长，使创业有了技术支持；从用户角度出发，使得腾讯创立后能够不断缩小和用户之间的距离，始终和市场保持紧密关系；客观评价自己的优势和劣势，能够在竞争激烈的新兴行业中更加明白自己所处的位置，同时也能够找出腾讯在未来发展中更需要提高的地方。只有这样，才能让腾讯在强手云集的深圳生存下来，并渐渐地崭露头角。

　　除了有冷静客观的思考之外，马化腾还敢于在关键时刻做出决定，而这些决定，把腾讯一次又一次地从低谷中拉出来。例如，在2001年的时候，整个市场上最大的业务就是无线增值业务，非常单一。其他的产品都是在消耗成本，换句话说，就是公司在花钱养着它们。QQ的前身OICQ是一款即时通信软件。在这个时候，马化腾立即开始思考下一个利润增长点会在哪个方面。而到了2003年的时候，更多的公司已经开始做网游，即时通信软件反而人气猛跌，马化腾决定进军网游领域。他意识到，如果公司没有研发出网游产品，不进军这一阵地，那么对于腾讯来说，就会带来更大的灾难。于是，他及时做出决策，而这一决定在后来的发展中也被证明是非常正确且及时的。

　　"小马驹"在下海之前，所思考的三个方面正体现了他善于做决策的优势，从大局考虑，为长远打算，及时了解新兴事物，这些都为腾讯日后的发展打下了坚实的基础。

守业还是创业，这是个问题

实际上，在大学毕业的时候，马化腾已经开始思考自己今后的发展方向，如果要做自己的事业，那么一定会和互联网有关。刚开始的时候，他认为凭借自己的专业知识可以着手创业，于是他租下一家小小的门面，开办了属于自己的一家店，主要业务就是组装计算机。但是，因为当时这种组装计算机的工作有很多人在做，市场几乎接近饱和。于是，马化腾便从这个行业中暂时退了出去。

1993年，马化腾选择进入"润迅通信发展公司"，成为一名普通的软件从业员工。润迅通信发展公司是1992年成立的一家年轻企业，所从事的主要业务是当时比较前沿的传呼行业。因为传呼行业在当时处于上升发展阶段，而且润迅公司也非常注重技术的研发提高，因此，在短时间内就凭借几款相当不错的产品打出了名号，除此之外，那句"一呼天下应"的广告词更是响彻大江南北。经过几年的不懈努力，润迅公司终于站在了传呼行业的金字塔顶端，靠着每年高达30%的盈利，积累了充裕的资金，成为当时首屈一指的通信企业。

在这样一个良好的发展环境中，马化腾虽然只是一名普通员工，却学到了不少知识，这为自己今后的创业攒下了不少宝贵的经验。润迅取得的傲人成绩，不仅开阔了他的眼界，让他站在一个新的高度来纵览网络通信行业，更给他带来了信心和鼓励。平日里繁忙的工作，非但没有让马化腾失去对工作的热爱，反而在自己的一点点进步中对互联网行业产生了越来越浓厚的兴趣。在马化腾的眼中，每天早晨醒来到公司去工作，不单单是要挣钱来养活自己，对他来说，这是在认真履行自己的选择，是因为对

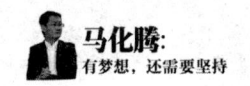

互联网浓厚的兴趣，使得自己能够投入全部的精力和心血来完成每天的工作。除此之外，马化腾还经常帮助朋友解决一些网络和技术的难题，这不仅使他的专业知识得到了提高，还让他交到了更多的朋友，拥有了一定的知名度和良好的口碑，这些都为他后来的创业打下了基础。

除了润迅员工的身份，马化腾还有一个身份，那就是慧多网的深圳站站长，而这一工作更对他创办腾讯产生了不容忽视的影响。谈到慧多网，现在也许没有多少人知道了，但它却是互联网刚刚兴起时，中国最早一批互联网精英开辟出来的"新田地"。事实上，慧多网于1984年诞生于美国，和现在的BBS有些类似，但是又比BBS多了新的功能，能够利用"电话线+Modem"来实现个人电脑间的通讯。

中国最早的慧多BBS是1991年罗依在北京创立的长城站。虽然当时慧多网已经出现，但是由于很少人了解并接触到，所以长城站在刚开始创立的时候，一天里有十几个人上站就已经很不错了，而这其中，还有很多是从国外拨过来长途的中国留学生。那时候，当他们还在国外的BBS网络浏览时，很偶然地发现了自己的故乡也有了BBS站台，于是就拨来了长途。马化腾也是在这个时候开始关注慧多网的。到了1995年，马化腾已经在慧多网上挂了有半年的时间，对它有了充分的了解和认识。于是，他下决心要做出自己的站台。马化腾义无反顾地投入了5万元，把自己的家当作工作室，4条电话线、8台电脑就是全部的设备，Ponysoft站点就这样成立了，而他自己同时也担任起了慧多网深圳站站长的职务。站点的名字Pony，是英文"小马驹"的意思，这也是马化腾给自己起的英文名字。

成为深圳站站长之后，马化腾的工作更多了，每天从早忙到晚。经过一段时间，Ponysoft站点，也就是大家口中的"马站"在慧多网上的人气越来越高，这也使得马化腾的知名度有了进一步的提高。每当回忆起这段日子，马化腾总会很骄傲，正如他所说，只要一触碰互联网，自己的热情就会被完全激发出来，自己才能完全兴奋起来，同时也能够始终保持着一种高昂的工作状态，这一点从上大学时一直到后来成为腾讯 CEO 都没有改变过。

在做慧多网深圳站站长时，马化腾交到了不少朋友，其中有一些人在中国互联网界很有影响力，比如丁磊和李宗桦。他和丁磊在网上已经交流过一段时间，因此见面后很快就成了很好的朋友。而丁磊后来的成功，也给马化腾带去了鼓励和信心。谈到这一段时，他曾说："那个时候大家都还不是大老板，只是一帮打工仔而已，谁也不知道明天会是什么样。可是，丁磊后来的成功，对我影响很大，我在他身上看到，只要用心去努力，就没有什么是不可能的。"和李宗桦认识也是因为慧多网，两人一见如故，马化腾还把 Ponysoft 站的管理密码交给李宗桦，让他帮助自己来管理一些事务。但是，经过一段时间的交往，李宗桦发现相比于自己，马化腾更偏于内向，有时候朋友聚会，马化腾则常常是站在一边静静地听别人讲，当站友谈到 Ponysoft 站的问题和改进建议时，他都会认真记下来，然后对 Ponysoft 站进行完善。这种注重用户的体验感受，良好的客户体验意识，成为他后来成功的关键因素。

1998 年，在润迅公司工作五年后，马化腾毅然选择辞职创业。这一决定刚开始遭到了家人的反对，但是由于马化腾的坚持，终于获得了家人的支持。要创业，首先要有自己的团队，马化腾首先想到的就是自己在中学和大学交到的几个好朋友。张志东、许晨晔、陈一丹和马化腾一起在深圳中学和深圳大学共度了九年的时间，大家彼此之间非常了解，也非常信任对方，于是，在着手组建团队时，马化腾马上就联系了这几个朋友，并得到了他们积极的响应。

张志东由于自己之前的工作经历，对用户的感受非常重视，能够在研发产品时把客户的需要放在首位。陈一丹在深圳大学毕业后，一边工作一边攻读了南京大学法学院的经济法硕士，并获得硕士学位。这样，他能全面负责公司的行政、法律和人力资源、公益慈善基金等事宜，同时还对集团的管理机制、公司和政府的关系等事务负责。许晨晔是这几个人中性格最为外向开朗的，常常会参加一些演讲和颁奖活动。另外还有曾李青，他主要负责的是和电信运营商的合作等事务。

几个朋友聚在一起后，第一件事就是要为公司起个好名字。在"腾讯"这个名字中，"讯"是已经确定的，因为这个字含有通讯、信息的意思，也代表了公司今后的发展方向。然后大家开始用"讯"字组合，什么"网讯""捷讯""飞讯"等等，没想到去工商局注册时，只有"腾讯"这个名字因为没有重名的而通过了。

创业是一项需要勇气的事业，需要创业者有着面对千夫所指依然不改初衷的坚定信心，以及面对重重困难绝不退缩的执行能力和坚强的毅力。就这样，5个20多岁的年轻人，用合伙投资的50万元，在1988年11月11日成立了"深圳市腾讯计算机系统有限公司"。马化腾终于有了属于自己的公司，他迈出了成功的第一步。

要么成功，要么债务缠身

27岁，对于大多数人来说还是很年轻，但是，若想辞掉工作，开始自己下海创业，却已经不算早了。创业一直都不是一件容易的事情，许多成功者付出了很多，经历了从无到有的过程，才逐渐发展起来。而且创办属于自己的事业，绝对是一场身心的考验：要么成功，要么债务缠身。就在马化腾27岁这一年，腾讯公司正式成立了。这五个人的小团队也根据每个人的专长，把公司的工作做出了基本的划分：马化腾担任首席执行官，张志东为首席技术官，曾李青为首席运营官，许晨晔为首席信息官，陈一丹为首席行政官。

第一章
勇敢去闯，不成功便成仁

在工作上的分配他们基本上能够达成一致，但是在谈到对于股份的配置时，大家产生了不同的意见。马化腾认为，股票的持有比例应该尽可能地和个人在公司中所起的作用相匹配，否则迟早会产生矛盾，到那个时候，由于内部不和而使企业发展遇到障碍，就很难将问题解决了。可是，这一观点却遭到了部分人的反对，他们希望持有的股票应该和出资份额成正比，谁投入的资金越高，谁就占有更多的股票。马化腾不同意这样做，为了公司能够顺利发展，他表示愿意将自己的股份降到50%以下，这样就能够在一定程度上避免公司独裁局面的产生，但是他也必须占有最大的比例，防止公司失去了主心骨而成为一盘散沙，陷入混乱。

虽然腾讯公司最开始有5个创始股东，也就是马化腾、张志东、许晨晔、陈一丹和曾李青，不过，当时只有马化腾、张志东和曾李青是全职，另外两个人还没有放弃自己的本职工作。他们五个人凑的50万元中，马化腾拿出23.75万元，占有47.5%的股份，张志东投入了10万元，占有20%的股份，曾李青拿出了6.25万元，占有12.5%的股份，许晨晔和陈一丹各投入5万元，各占5%的股份。

由于是新创办的小公司，所以既没有很高的知名度，也没有固定的用户群体。不要说大踏步地发展，刚开始的时候，就连公司的生存都成了问题。再加上当时中国的互联网已经开始兴起，在深圳、北京等发展较快的地方，已经有部分人在做互联网行业，所以市场竞争也并不像想象中的那么轻松。

尽管情况并不乐观，但马化腾和自己的团队开始四处承接业务，尽全力让公司活下来。当时，腾讯公司的地址选在深圳赛格科技园4楼一间几十平方米的工作室内，不仅空间狭小，而且办公设备极其简陋。虽然说公司里有五个人，但是因为当时的陈一丹、许晨晔还没有放弃自己的本职工作，曾李青又需要经常外出跑业务，所以，每天待在工作室的，只有马化

· 009 ·

腾和张志东两个人。

在创业初期，工作环境是很艰苦的——吃盒饭就已经算是改善了，而休息的地方只有一张小小的沙发。尽管这样，大家还是被心中的兴趣所驱赶着，每天废寝忘食，为了实现自己心中的网络帝国梦想而坚持奋斗着。后来他们回忆，那时候的工作室，常常会彻夜亮着灯，直到新的一天开始。马化腾也曾经谈到过当时的情况，大家最害怕的就是月底的时候。在那段艰苦岁月里，虽然有好心人的帮助，免掉了房租，但是水电费对于他们来说也是一笔不小的负担。特别是到了夏天，在深圳这样一个持续酷热的城市，工作室里的空调、热水器几乎每天都处在工作状态，再加上24小时运行的电脑工作室，这一大笔的水电费往往就成了让马化腾最头疼的问题。

但是对于公司的发展来说，这还不是最困难的。真正的挑战来自竞争激烈、日新月异的市场。由于创业之初不熟悉市场运作，客户的范围和数量很难得到进一步地加大。大家辛辛苦苦研发出的新产品，在将要推广到市场时面临了重重阻力。于是，他们就带着自己生产的网络传呼系统，挨家挨户地上门去推销。而这种推销方式，让他们一而再、再而三地被拒绝。回忆起这一段时期时，马化腾说道："当时在企业成立之初，可以说每一分钟每一秒钟都面临着破产瓦解的危险。创业，从来都不是一件容易的事情，假如当初自己选择继续留在润迅，也许会平稳得多，但是我会追悔莫及。我之所以走出来，白手起家进行创业，就是因为想要创造一个属于自己的舞台，想要活出自己的精彩。"

经过一段时间的支撑，公司的发展还是没有大的起色，马化腾的名片上依然印着"工程师"三个字，而非"总经理"。他们当时唯一的希望，就是能够保住这个小小的公司，让腾讯在市场上生存下来。于是大家不得不接一些在过去自己都不屑一顾的业务，比如帮助别人做网页，进行程序设计，做一些系统集成之类的工作。说实话，这些业务和真正的互联网发展还距离很远，而且不仅繁多复杂，也没有多大的利润提升空间，赚不到多少钱。最重要的是，这些业务和公司预定的发展方向并没有多大关系，这样，大家难免对公司未来的发展感到忧虑。

但是尽管如此，马化腾还是没有给自己留后路，因为他心里对自己正在做的事情有着非常清楚的认识。一方面，计算机是自己的兴趣所在，只有做这一行才能让自己投入全部的精力和热情；另一方面，当时的互联网行业已经开始出现悄然上升的局面，对于那些意识超前、眼界开阔的人来说，已经嗅到了互联网行业即将大爆炸的烟火味儿。而外表沉静低调的马化腾，同样感受到了这个行业未来不可预知的爆发力。

面对公司暂时的状态，马化腾知道摆在自己面前的只有两条路：要么坚持下去，熬过难关；要么就此放弃，收拾东西各自散去。虽然每个月还在为了水电费而烦恼，公司的未来发展还是看不到方向，但他心里清楚，自己当初离开润迅公司的时候，就不是为了追求安稳乏味的生活。新兴的互联网行业正处于上升期，这是社会发展的大势所趋，是无法改变、也不能否认的事实。所以，只要坚持不懈，当前的低谷总有一天能够走出去。团队里的其他人同样看到了这一点，于是大家一致选择咬紧牙关坚持下去。虽然做着与公司未来发展相差千里的业务，他们还是能够踏踏实实地做好每一份工作。谁都不想让腾讯在还没有长大时，就夭折在摇篮中。正是凭着这股不服输的精神，才帮助企业走出了暂时的困境。

在制作、销售网络传呼系统一段时间之后，公司有了一定的资金积累，虽然距离预期目标还有相当遥远的距离，但起码能够保证公司对外没有负债，同时也能够为今后的发展提供一定的支持。正是在这种情况下，公司开始走上正常发展的道路。马化腾并不知道，之后一次偶然的机会，会让腾讯真正地飞起来，而且飞得那么高、那么远！

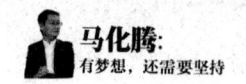

生存下来才是最重要的

今天，腾讯公司在中国的互联网行业中可以算是鼎鼎有名，即便那些对公司不是很了解的网民，也一定有自己的 QQ 号、微信号，并且在很多地方使用着腾讯的服务。

马化腾当初决定要脱离润迅，做自己的事业。这和他本身的性格有很大的关系。因为马化腾是一个喜欢分享，讨厌束缚，崇尚自由的人。他深深地了解团队对于成功的意义。而谈到创业，马化腾有一次开玩笑地说道："当时并没有想那么多，什么当大老板，发展商业帝国之类的想法，统统没有。只是我们几个好朋友各有专长，又都对互联网有兴趣，所以就想着聚在一起做点自己喜欢的事，当然，有点收入就更好了。"

其实，创业需要资本、专业技术、时间耐心……最需要的是放弃其他机会成本，专注于创业这件事情本身。但是，创业哪里有想象中那么容易，腾讯当然也并不是一路平坦。有时候想起刚创业的时候，马化腾会笑着说："那就是一段再平常不过的日子，很普通，没有什么特别的。"但实际上，由于腾讯在创办之初没有外来投资，可以说是过了一段艰苦岁月。

当时，大家就挤在一间几十平方米的楼房里，所有的办公人员，包括公司领导只有四五个人，大家吃着盒饭，睡着沙发，四处寻找业务和客户资源。公司的创业资金，主要是马化腾和张志东两个人多年积攒下来的三十多万元，仅凭着这一点积蓄，想称霸互联网，做中国网络公司里面的龙头老大，既不现实也不可能。所以，刚开始的时候，马化腾想的只有一件事：让腾讯生存下来。

网页制作、程序设计、做系统集成，这些工作的任务繁复，利润不高。但是，马化腾却从没有拒绝，反而积极承接这些业务，目的只有一个：保住腾讯。这些杂乱的工作，使得公司并没有按照预想的轨道发展，反而更像个杂货铺，各种杂活都可以干。之后，他们又开始做销售工作，由于不了解市场状况，常常在推销时被别人拒之门外。

而腾讯在成立之初，给自己的定位是主要研发无线网络寻呼系统。现在也许很少有人了解这样一个系统能够做什么，但是在20世纪90年代末，这也算是较为前沿的产品了。它的主要用途就是，如果要联系的对方注册了寻呼机，那么就可以利用这套系统，将信息通过网络发送到寻呼机上，这样一来，就免去了客户拨打长途电话的时间和费用，使得沟通更加迅速和便捷。在创业之初，马化腾对于公司未来的发展定位就是寻找互联网和寻呼机的结合点，然后进行研发。这一点，源于他对计算机发展的深入了解，也和他过去的工作经验有着不可分割的关系。

在那个年代，手机还没有普及，腰间挂一台BP机，可以说是非常时尚了。而BP机，也就是前面所说的无线寻呼机。当时，马化腾已经开始接触到ICQ这款即时聊天软件，他隐约感受到，如果能把这款软件做大做好，一定会比BP机更受欢迎。但是，由于ICQ没有中文版，所以要在中国彻底打开市场，还有一些困难。于是，马化腾就决定在学习ICQ的基础上，研发出中文界面的即时聊天软件。不过，这些想法的主要目的都是为了能让腾讯更好地生存下来，免遭破产解散的命运。

没过多久，马化腾和张志东两个人就研发出了具有独立知识产权的OICQ，软件以即时聊天为主，在ICQ的前面加上了字母O，这是英文单词中Open的开头字母，意思是"开放"。但是，OICQ并没有引起强烈的市场反响，也没能帮助腾讯公司一举打开局面。原因就在于，这款软件和ICQ的区别并不大，而ICQ因为经过了几年的发展，已经拥有了相当一部分固定用户，所以OICQ很难与其竞争。当马化腾后来回忆起这件事的时候说道："当时为了能让公司生存下来，所有人都在四处找项目。恰好，深圳电信、深圳联通还有一些其他的寻呼台把一些业务交给了我们，所以大家都在努力把这些工作做好，根本没有多余的精力来关注别的。而OICQ的产生，只是自己尝试着做的一件副产品，也没有指望着它能够给腾讯带来巨额的利润。虽然这样，但是OICQ还是有它自己的优势和长处的。"

由于受到条件的限制，当时腾讯公司的服务器都无处托管。这让马化腾很是头疼，也让他认识到，相比现在自己创办公司，之前在润迅写软件的工作真是轻松极了。但是，这些眼下的困难并没有消磨马化腾创业的勇气，反而更加激发起了他在困境中的斗志。

回忆起那段日子，马化腾曾经很是伤感地说："当初公司可以说处在垂危边缘，为了发展业务，我们只好去蹭别人的服务器。最初的时候，我们只是用一台最普通的那种个人电脑，然后把它带到有宽带的电脑房里，趁着别人不注意，把程序偷偷地放到别人的服务器里面运行，以此来保证自己的业务。"

毕竟，在互联网行业里淘金，一点也不轻松。腾讯一度打算把手中的OICQ卖给别人，马化腾心里舍不得，但是一切都要以公司的生存为首要任务。于是，他把价格定到了100万元。没想到，自己辛辛苦苦做出来的产品却屡遭拒绝，最高价格也只到60万元，远远低于马化腾的预期。无奈之下，公司决定留着这款软件，自己慢慢养。后来，每每谈到这儿，马化腾都会觉得真是上天都在帮自己。因为在互联网刚开始发展时，很多人希望能够一劳永逸，所以只看到眼前的部分利益，却不为长远打算。这也就是为什么许多互联网的优秀人才，会在暂时的利益面前做出让步，从而错过了更大发展的机会。如果当初腾讯真的把OICQ拱手让人，也许能在短时间内帮助公司获得发展，但是时间久了，最终只会搬起石头砸了自己的脚。只有像马化腾这样，在困难面前仍然不缺乏勇气的人，才能够不被困难压倒，而是通过继续坚持，让企业获得更长远的发展机会。

公司的生存与死亡，往往就取决于一瞬间。也许一次的失误，将会使多年来积蓄的心血付之东流，而一次坚持，就能够挽救公司于水火之中。在创业初期，马化腾的脑中只有一个念头：让企业活下来。不论以何种方式，不论经历怎样的困难，都不能随随便便就放弃，这既是让腾讯走过成长初期坎坷之路的关键，也是后来腾讯发展壮大的重要因素。如果没有这些，那么今天的腾讯商业帝国，也就无从谈起。

决策能力，有时候并不是通过读多少书就能够学会的，它是在一次又一次的挫折面前逐渐练就出的一种能力。这种能力，既包含了强大的心理素质，也包括果断的分析判断能力。而有着多年工作经验，同时对自己所从事的行业有着非常清晰深刻认识的马化腾，绝不会甘心做战场上的逃兵，遇到困难就撤退。在困境面前，他坚持原则，愈挫愈勇，终于让企业度过了危险期。

死也不服输，换名也决不放弃

OICQ放到线上两个月后，用户已经猛增至20万，此后这个数据在不停地增长，当马化腾把OICQ的第三版推出时，注册用户的数量更是在一两个月内涨了几十万。谁也没料到，这看似飞速发展的背后却隐藏着巨大的危机。

事实上，任何一个行业都不可能一直蒸蒸日上，任何一个企业在发展过程中也总是难免遭遇行业中的冬天，能不能在严酷的市场环境中存活下来，并迎来暖融融的春光，关键是要看企业家是否做到冷静决策。唯有冷静，我们才能客观地分析企业当前的处境，才能找出最有效的应对之策。

到了2000年，第一次网络泡沫产生，这让中国的整个互联网行业进入了前所未有的严冬时期。腾讯也不例外，OICQ的发展同样也遭到了重创。在这艰难时刻，马化腾和他的团队开始求助外援，他们找过中华网、

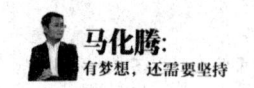

新浪网等，希望对方能够用100万元买下OICQ，可是却遭到了拒绝。碰了一鼻子灰的马化腾，下决心自己坚守阵地，要让OICQ重新回到辉煌时期。可是，在这萧条的大环境下，要做到这一点并不容易。而且，除此之外，腾讯还遇到了另一件烦心事。

当OICQ的注册用户猛增，而网络泡沫又迟迟不去的情况下，马化腾和张志东接到了两份律师函。美国在线公司AOL对腾讯公司提出了两次严厉的投诉。原来，美国在线早已将ICQ和"icq.com"收购到自己旗下，并且认为，腾讯公司在1999年所注册的域名"oicq.com"和"oicq.net"侵犯了自己的知识产权，换句话说，他们认为腾讯的OICQ完全是抄袭ICQ的产品，所以要求腾讯把已经注册的两个域名免费转让给他们。

当马化腾看到第一封律师函时，并没有过分注意，他以为这不过是一个简单的形式上的声明而已。但是没过多久，马化腾又收到对方寄来的一封律师函，而这一次，就不仅仅是一张声明了，美国在线已经准备正式起诉腾讯公司了。而且对方的态度也很霸道，在律师函里就表示："之前就有一个类似的案例，那次的官司就是我们赢了。同样的事情，法官的判决不会有什么差别。所以如果到了法庭上，你们腾讯公司一定会输。不如现在就换掉你们的域名，把'oicq.com'和'oicq.net'两个域名转让给我们。坚持到底，只会让你们自己吃亏。"面对这种情况，马化腾准备接手AOL的起诉，于是他和他的团队找到了IDG，并根据全美仲裁论坛的仲裁书，对对方的起诉做出了答辩。

在仲裁会议上，双方都对这件事做出了回应。腾讯公司指出，美国在线公司在当时并没有在美国境内和中国境内注册OICQ，所以自己所用的域名并没有侵权。而AOL称腾讯完全属于恶意注册。对于这一说法，腾讯公司也指出，oicq这一域名是美国在线公司在诉讼前注册的，并不是之前就已经存在的。而且从时间上，也可以看出这一点：2000年2月3日，美国在线公司注册了域名"www.oicq.org"，然后在2000年3月3日对腾讯公司进行起诉，时间正好相隔一个月。

尽管如此，这场官司还是以腾讯失败告终。2000年3月21日，仲裁员詹姆士·卡莫迪签署了仲裁判决书，法律文书也正式生效，最终的判决结果为判定腾讯公司将"oicq.com"和"oicq.net"这两个域名免费转让给美国在线公司。虽然对这个判决结果不服，但是为了公司今后的发展，马化腾还是接受了。

过了没多久，部分用户在下载新版本的软件时，就发现腾讯公司的名称从之前的OICQ2000改为了QQ2000，同时，软件左下方的主菜单上的OICQ也改成了QQ2000，除此之外，就连可执行文件的名称也从过去的"oicq.exe"变成了"qq2000.exe"。

马化腾和他的团队苦苦经营一年多的成果，就这样白白地流入了别人的手中。腾讯也像一匹骏马在快速向前奔跑时，马缰突然被紧紧勒住一样，出现了停滞的情形。无奈之下，马化腾只好选用了"tencent.com"和"tencent.net"作为新的域名。

虽然产品改了名字，但是保证了腾讯公司还能够继续发展，同时也避免了和美国在线之间产生更大的矛盾。归根结底，只要能够保住腾讯公司，那么马化腾和整个团队这几年来的辛苦就没有白费，留得青山在，不怕没柴烧。只要公司还在，产品还在，就有再创辉煌的可能。马化腾所考虑的，正是这种大局的发展，而非一城一地的得失。退一步说，就算改了名字，也不会放弃，依然要坚持到底，实现自己的梦想。让马化腾最感到欣慰的是，软件的改名并没有让腾讯失去原有的大量用户。

没过多久，QQ用户发现软件里又有了一些改变。之前很多聊天头像，比如像加菲猫、唐老鸭、大力水手、蓝精灵，还有皮卡丘、史努比等等都消失了，然后出现了许多腾讯自己设计的卡通头像。这次更改聊天头像又是为什么呢？由于之前在与AOL的诉讼中失败，腾讯认清了阻挠自己发展的一大块绊脚石，那就是在使用一些名称和图像等内容时，如果没

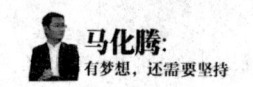

有得到许可而被控诉为侵权，就会给公司带来较大的麻烦。所以这一次，通过更改聊天头像，彻底地把这块绊脚石移除出去。

任何公司在发展时，都不可能一帆风顺。马化腾和他的团队果断地做出了对应方案，并从这次的失败中吸取到教训，从改名字到改头像，彻底消除了前进路上的阻碍，同时也让腾讯避免了第二次被诉讼的可能。在这一次又一次的失利中，最关键的一点还是马化腾的坚持与不放弃，只有相信自己，相信团队，才能在困境中不被打倒，勇敢地站起来。就算名字改变了，但马化腾那种不服输的精神始终没有丝毫变化。

"绝望"时更要敢做风险投资

在中国的互联网行业中，流传着这样一句话：全球的风险投资在华史，就和互联网的发展史一样。每当国外的风险投资进入中国，大家不是认为其就是能够起死回生的灵丹妙药；就是将其妖魔化，认为如果接受了国外的风险投资，那么公司的主导权和话语权都会荡然无存。但实际上并不是这样，腾讯也曾经接受过国外的风险投资，并且顺利帮助公司走出了困境。

马化腾在创立公司时，他和他的团队一共凑出了 50 万元，然而这 50 万元在公司不断发展中早已成为杯水车薪，难以支撑公司继续发展下去。特别是到了 2000 年的时候，QQ 的用户在飞速增长中，但是拥有一大堆注册用户并不等于赚到了大把钞票，为了喂养这只"企鹅"，公司的资金一直处于不断投入的状态，却没有收获相应的回报。经过一段时间，腾讯的发展已经陷入了危机。据马化腾回忆，当时公司的账面上仅留有一万元左右，除了员工的工资，只能从中取出一点点钱来养活自己，公司似乎到了弹尽粮绝的危急时刻。

这时，马化腾做出一项重大决定：引进外来风险投资，帮助企业继续发展。这一想法最初是受到了丁磊的启发。网易创办之后，丁磊一直在利用自己写的软件赚钱，然后进行公司周转，并一度拒绝外来投资。有一段时间，网易自己的钱不够用了，丁磊才引入了一小部分外来风险投资，这样既帮助企业走出了困境，还丝毫没有影响到公司的话语权。看到这些，马化腾也希望能够利用这个办法来帮助公司走出困境。

但是，对于投资商的条件，马化腾提出：并不是有资金就可以接受。为了腾讯的未来，他对要选择的投资商定下了一个标准，那就是必须将公司领导权掌握在自己手中，即使引进了外来投资，也不能将公司的股份分离出去，否则只会引狼入室，给自己和公司带来灭顶之灾。除此之外，他还希望能够选择那些有经验、对于互联网市场比较了解的投资商，这样一来，除了资金上的支持，还能够对公司的发展进行科学指导。最重要的是，投资商要有风险意识，敢于承担亏本的风险，这样才能够给腾讯带来长期的帮助。

经过这样一番思考，马化腾开始带领他的团队向外寻找投资商，最开始时选择了两家，但是由于没有给腾讯带来真正的帮助，双方就终止了投资合作。2000年的一天，团队中的五个人都待在办公室里，因为没有找到合适的风险投资，大家的内心都非常焦虑。马化腾的心中更是为腾讯的明天感到深深的担忧，他随口说了一句："也不知道IDG（美国国际数据集团）和PCCW（香港电讯盈科公司）对咱们公司有没有投资意向。"就是这样一句话，提醒了曾李青，他猛地站起来，大声说道："我有一个朋友在IDG工作，叫刘晓松，他和公司内部还是有些关系的，我去找他试试，说不定能管用！"瞬间，大家都兴奋起来，仿佛在漫漫黑夜中看到了光亮一般。很快，对方有了回应，刘晓松早就对腾讯公司有所了解，对它的发展前景也寄予了很大的希望，于是很快便向公司领导谈了这件事。曾李青又找了另外一个在香港从事通信行业的朋友，请求他向香港的电讯盈科公司推荐腾讯，结果电讯盈科公司也非常看好腾讯。

之后便是艰苦的谈判工作，为了能够获得投资，马化腾做了详细的公司报告，讲述了公司未来发展的优势。终于，这两家公司答应给腾讯投资。QQ终于保住了，腾讯的发展也暂时走出了低谷，这时候的马化腾才松了一口气，之前因为劳累复发的病症也有了时间去治疗。

其实，在和两家公司进行谈判时，还有一段非常著名的对话，在后来也常常被提起。当时的IDG负责人给马化腾提出了这样一个问题："你认为自己产品的核心价值在什么地方？"稍做思考之后，马化腾便坚定地回答："我家产品的注册用户已经远远超过了ICQ，而ICQ以2.87亿美元的天价被AOL收购，如此看来，腾讯公司产品的价值也会远远超过2.87亿美元。"听了这话，IDG的负责人当即决定投资给腾讯公司。后来这位投资人也谈到，如果不是马化腾那样有信心，又有理有据地说服自己，也许公司对于是否投资会继续考虑一段时间。

而马化腾对于这一件事也说过，"公司在发展过程中，困难是在所难免的。在创业初期，如何能够获得外来投资，确实是一项挑战。因为不管我们的产品有多好，我们的注册用户达到了几百万，如果这些事不能准确传达给对方，那么一切都还是纸上谈兵，融资也就无从谈起。另外，融资是双方的合作，往往是投资方来主动找我们，我们认为不合适给推掉了，而那些我们满意的投资商，又常常因为不能占有股份而拒绝投资。所以，要找到合适并且双方都满意的投资，必将要经历一些失败。"

腾讯融资以后，外界有些人开始猜测腾讯公司的话语权也许会丧失，对于今后是否能够继续独立发展提出了疑问。对此，马化腾的回答是："QQ这款软件正在成长期，必然需要大量的资金支持，所以走融资的道路是在所难免的。但是，在决定吸收外来风险投资之前，我就定下了原则，即绝对不放松公司的领导权和话语权。现在虽然有了外来资金支持，但是公司的运营和过去并没有区别，事实上，融资仅仅是帮助企业暂时摆脱了困难，其他的地方并没有多大的变化。"

互联网行业的发展，有着其他行业不具备的风险性和未知性，只有勇敢果断，才能在困难面前下出一步险棋，赢得最后的胜利。如果畏首畏尾，瞻前顾后，只会错过最佳时机。风险投资，既不是外界传说的灵丹妙药，也不是人们口中的侵略大军。会产生怎样的效果，完全取决于自己利用的方式。正是因为马化腾在决定融资之前，就给自己定下了不对外分割股权、不分散公司运营权的关键原则，才能够让腾讯在获得资金的同时，保证独立的运营。

用环境来塑造人

当我们看到干净整洁的场所，精神面貌俱佳的服务人员时一定不会产生厌烦的情绪，这就是环境在商业中起到的暗示作用。一个干净明亮的环境会让人的心情也变得快乐，办公的环境将直接决定企业员工的快乐程度，而这也会直接转变为强大的生产力。

如果说公司的环境是一件外衣，那么马化腾为腾讯定制的这件外衣一定是高定的。

2017年，腾讯全球新总部滨海大厦正式竣工暨启用。滨海大厦硬件包括248米高50层楼的南塔楼和194米高41层楼的北塔楼，被三条"腰带"连接在一起。通过建立员工数据模型，滨海大厦整理出了一套"办公空间规划标准"，包括员工办公桌尺寸、会议室大小、通道的尺寸大小等细节，比如这种可以随意调节高度、方便站立办公的小桌。不管是场地设计，还是细节布置，各个空间都体现了腾讯滨海大厦不仅是一个工作场所，更是一个令员工舒适、健康，同时激发创造力的垂直生态社区。

2019年，历时1508天被称为"亚洲最大的单体办公楼"的建筑——

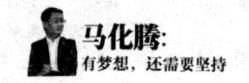

腾讯北京总部大楼，终于从想象变成了现实，腾讯总裁 Martin 表示："在腾讯成立 20 周年和战略转型之际，北京总部大楼的落成对于腾讯别具意义。"

让员工身心愉悦不仅仅是给到员工个人更好的福利，它还应该包括一个干净整洁的工作环境。当员工在一个工作环境非常干净整洁的地方工作的时候，漂亮的换衣间，高端大气上档次的咖啡壶，这些日常的美一定会让人从心底得到这份工作对于个人品质的满足。

从环境的角度来讲，要想让员工保持对事业的热爱度；就应该找到员工的热爱点，为员工创造一个"热爱"的办公氛围。只有这样，员工才会愿意继续学习，继续研发，继续保持一颗热爱工作的心。并且，为了持续地在这样的好环境中工作下去，他们会自然而然地养成好的习惯，来维护这个环境，会很自觉地把良好的环境和氛围继续延续下去。

办公环境一定要让员工快乐起来，这是内在的生产力。良好的环境会让员工保持基本的热情和对工作的忠诚，这会让员工回归到工作本体，进而自我驱动，以及自我沉浸，从而专心投入到工作中。这是一个互联网企业持续走向卓越的最基础条件，也是最重要的动力。

第二章

先攒用户再盈利，"转化力"定乾坤

在发展过程中，腾讯公司的QQ、微信越来越火，注册用户的数量也在不断上升。可与之不相符的是，公司的收入并没有多大的改变。要想进一步发展，就必须有充实的资金收入。因此，马化腾做出了几个重要决策，顺利地把用户变成了消费者，也为腾讯的发展积蓄了充足的资金。

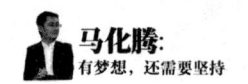

免费是最好的营销方式

在互联网行业中，任何一家企业想要保持住发展的势头，没有盈利和收入是行不通的。而在中国互联网发展的初期阶段，很多公司并没有为长远打算，只是希望在短时间内利用疯狂烧钱圈地的办法，盲目地扩大规模，却不计后果。而马化腾，在公司刚起步阶段就做了长远打算，为了保证腾讯能够继续生存下去，他一直在寻找利润的增长点。为了实现这一目的，甚至还走过一些弯路。

当时，QQ 经过一段时间的发展，注册用户已经达到了一定数量，绝大多数人在选择即时通信软件时，第一个想到的就是腾讯公司的 QQ。2000—2001 年期间，整个互联网行业进入了发展的艰难阶段，生意萧条，很多公司都开始裁员以减少开支，甚至有些公司因为实力不足而破产。腾讯也没能逃脱这场互联网寒冬，为了能够保住公司，所有人都在想办法赚钱。就在这个时候，腾讯公司想出了一个办法：对注册腾讯号码进行收费。

在马化腾看来，当时 QQ 的注册用户已经达到了好几百万，而且一大部分已经成为固定用户。如果想要和 QQ 老用户进行即时联系，就必须有 QQ 号，否则就很不方便。所以这时候开始进行收费，也可以说时机比较成熟。因此，马化腾决定在用户申请新的 QQ 号时，收取 1 元的注册费用。

这一决定一经推出，就引来了用户的强烈反应。腾讯在接受采访时也表示，由于之前的 QQ 号都是免费注册，所以有很多用户一个人就有好几个 QQ 号，这是对资源的极大浪费，而通过注册收费，就可以很好地杜绝这一现象。这样说，也还是很难让用户满意。虽然腾讯在注册 QQ 收费中获得了一定收入，但是这远远比不上因此丢失的市场份额。

没过多久，在用户的强烈反对中，马化腾就看到了这次注册收费的弊端。为了公司未来的持续发展，他决定马上停止对注册QQ号进行收费。于是，在2003年6月时，借助公司庆典之际，马化腾对外宣布，今后腾讯公司将取消QQ的注册收费，恢复之前的免费申请。这个决定，让很多当初因为收费而离开的用户又回到了QQ的用户队伍中。

为了避免单个用户同时占有多个QQ号，浪费资源，腾讯在恢复免费注册的同时，也制定了一些规则。例如：假如一名用户在申请了新QQ号之后，在3天之内都没有登录客户端，那么此次注册的QQ号就作废了；如果在注册后七天之内登录的次数低于三次，那么新申请的QQ号就不能再继续使用；任何用户的QQ号，在60天内登录次数少于15次，或者在60天内连续15天没有登陆的；另外，还包括那些在60天内没有好友的，公司都有权力回收这些QQ号。通过这些规定，腾讯一方面赢得了广大忠诚用户的支持，另一方面还解决了多占多用QQ号的问题，可谓是一举两得。

但是，经过这次收费风波，出现了一个让腾讯没有料到的事情，那就是即时通信领域的很多竞争对手，趁着腾讯的收费注册闹得沸沸扬扬的时候，开始加快发展速度，争夺本属于腾讯的市场份额，他们通过免费的软件使用来吸引用户，对腾讯进行攻城略地。虽然并没有对腾讯造成伤筋动骨的影响，但是，这种发展势头还是让马化腾深感担忧。如果继续下去，一定会让腾讯再一次陷入泥潭之中。这其中，又以UC的发展劲头最猛。UC的用户群体定位是以大学生和年轻人为主，这一点和腾讯的客户定位极为相似。

另外，比腾讯更为先进的是，UC针对年轻人的需求，推出了和IM相结合的校友录，还建立了公众聊天室，有很多好玩又新鲜的场景聊天。通过这些，UC顺利建立起自己的客户圈子，并且用户数量也在不断上升。

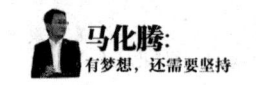

特别是在腾讯正为收费注册头疼时，UC又把很多原本是QQ的用户拉到自己的队伍中。这让马化腾感受到了实实在在的威胁，因为在腾讯发展初期，也是靠着到各大学网络聊天室里介绍自己来获取用户的。所以，对于UC的发展路径，他当然明白其中的利害关系。于是，很快地，腾讯就宣布停止收费注册，以此来挽回用户，维持自己的发展。但马化腾的眼中，已经开始注意到UC这个危险的竞争对手。

虽然在后来，每过一段时间，还是会有腾讯打算收费注册的消息传出来，但是事实证明，通过这次教训，马化腾已经明白用户的重要性。没有大量的固定用户，即便是在短时间内获得了一定收入，对于企业将来的发展也不过是杯水车薪，同时还会给企业带来负面影响，而一旦失去了用户的信任和支持，那么这家公司也就离破产解散不远了。所以，从这以后，马化腾再也不敢轻易提出注册收费的想法了。

幸好，由于腾讯公司在发展的几年内积聚起的超高人气，在行业内外都有着良好的口碑，所以，当免费注册恢复后，大量用户又重新回归到腾讯旗下，靠着良好的服务，以及免费聊天软件的应用，腾讯在短时间内顺利赢得了数以亿计的忠诚用户。毕竟，像这样使用方便的即时通信系统，在当时的市场上还是占有一定优势的，谁又会舍得离开那只可爱的小企鹅呢？

也许有人认为，在企业发展阶段中，让用户免费使用自己研发推出的软件，是一种不考虑公司未来的盲目行为。但是实际上恰恰相反，这正是马化腾从长远考虑，才决定要对QQ实行长期免费注册的。在互联网行业发展中，用户是第一位的，只有积累了大量用户，才能保证今后各项业务的顺利实施。腾讯正是有了过亿的忠诚用户，才能一步一个台阶，从短信到微信，从网络游戏到虚拟货币，渐渐发展为今天的商业帝国。

如何盈利是个大问题

作为中国互联网的领头人，腾讯从一家只有五个人的小公司，发展到拥有过亿注册用户的大企业，可以说是非常不容易的。特别是经过了 QQ 收费注册的风波之后，马化腾决定今后 QQ 号的申请一律免费。这样，对于用户来说是一件非常方便又实惠的事情；可是，另一方面，腾讯公司又如何赢利呢？

马化腾本人是从技术人员做起的，因此对于用户的感受非常重视。对于公司的发展，他所看重的，并不是一时一地的胜利，而是长远的利润。互联网行业，并不像传统的建筑业、服装业和食品业那样，有着实实在在的商品和顾客，因此，该行业中所有企业的发展，全靠着网络的优质服务和众多的注册用户。马化腾对此有着非常清醒的认识，他知道，只要手中有百万千万的忠诚用户，那么公司的赢利一定不会有问题。

正因为如此，腾讯才能在成立 10 周年之后书写传奇。从 2006 年开始，腾讯就开始稳居互联网企业收入排行的第一名，并被业内人称为"中国最会赚钱的互联网公司"。另外，最让人惊讶的是，腾讯的毛利率还一直处在较高的水平，几乎都能够保持在 30% 以上。用几组数据就可以证明：2006 年腾讯收入达到 28.004 亿元，其中纯利润有 10.638 亿元；2007 年腾讯收入增长到 38.209 亿元，纯利润达到 15.66 亿元。由此可见，腾讯公司在马化腾的带领下，确实成长为一块大的"吸金石"。

2002 年的时候，腾讯 QQ 的用户人数突破了一亿大关。伴随着这个好消息，马化腾也在考虑一个令人头疼的问题，那就是，如何把这些 QQ 用户变成公司利润的增长点。当回忆起这一段时，马化腾说道："腾讯

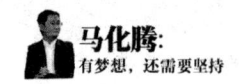

QQ的用户有一亿之多，如果能让其中1%的用户付费，公司的收入就很可观了。"但是，除了付费服务的内容，马化腾还有一个担忧，那就是支付问题。中国人并没有使用信用卡的习惯，如果要让用户总是跑到银行或者邮局去一次一次地寄钱又很不方便。而且，腾讯的最大用户群是学生，由于财力有限，他们只能够支付几元钱，如果为了这几元钱天天往银行跑，显然会让腾讯失去很多忠诚的用户。所以，要想让公司获得收入，首先必须建立一条安全方便的付费通道。只要把付费问题解决了，接下来才能谈赚钱的问题。

当时，在中国的互联网游戏中，商家为了促进游戏的发展，会在社会上发行游戏点卡。马化腾对此深受启发，他想：如果游戏点卡的销售行得通，那么腾讯是不是也可以研发类似的充值服务呢？很快，腾讯公司便推出了自己的Q币，用户可以通过购买Q币来享受腾讯提供的服务。为了使购买Q币更加方便，腾讯公司也仿照游戏点卡的销售方式，建立了自己的代理商制度。在代理商中，一共分为三个级别：总经销商、二级经销商和直销商。这其中，总经销商是由腾讯公司指定的，通常一个省份有一家；二级经销商属于业务的"高产者"，第三级直销商就属于销售的终端了，只能向用户进行销售，没有转移库存的权利。

通过Q币的发行，腾讯顺利把用户转换为利润的增长点。其中最突出的事例，大概是在2006年的"超女选秀"中的大展拳脚。当时为了遏制"做票"，湖南卫视决定，取消手机短信投票方式，改为QQ、移动梦网和拨打固定电话这三种方式来进行投票。在规则中指出，凡是在9月2日之前注册QQ的用户，只要添加QQ号为1234556的用户为好友，就可以参与比赛投票。每一票需要花费用户的一个Q币，每场比赛中每种方式能够为选手投出15张的选票。没过多久，腾讯就利用粉丝的疯狂抢购，赚个"大满贯"。也是在这时，腾讯公司的Q币开始进入人们的视野，并引起了巨大反响。

可见，只要能够认真观察市场，并不断进行学习和总结，找到公司的盈利增长点并不是难事。马化腾就是受到游戏点卡的启发，研发并推出了Q币，利用人民币和Q币的兑换，让腾讯公司几乎是在一夜之间实现了巨大的盈利。同时，也让马化腾对于未来互联网的发展，以及公司的盈利方向有了更加清楚的认识；也为之后QQ秀、QQ游戏等服务的推出，建立了坚实的基础。所以说，Q币，实实在在代表了腾讯公司的利益增长点。

所以，就在腾讯QQ的用户人数达到十几万时，马化腾已经开始动脑筋想着如何利用QQ来获得收入。通过多次的尝试、失败、再尝试，马化腾终于找到了适合腾讯的盈利道路，而且，通过这个方式，腾讯的业绩上升至互联网企业的第一名。

在2009年的3月，腾讯公司的全年财务报告显示：2008年，公司的总收入达到了71.545亿元，比上一年的收入增长了87.2%。这其中，互联网增值业务的收入高达49.15亿元，占了总收入的一半还多，另外移动和电信的增值收入有13.99亿元，网络上的广告也赚了8.26亿元，同样不容轻视。

由此可以看出，马化腾的赚钱战略，已经从收费注册这种简单生硬，甚至于有些粗暴的方式，转为更为人性化的方式。这样，一方面能使用户更容易接受，另一方面，也能够为公司带来更加丰厚的利润。

其中，互联网的增值服务可以说是和用户关系最为紧密的一项。而这其中，又包括QQ秀、QQ音乐和QQ游戏等服务。马化腾认为："中国的用户很挑剔，所以自己的软件一定要做好，否则很难被用户接受，更别说长久地发展了。无论是音乐、人物装扮还是游戏，都要体现出用户第一的特点。"所以，腾讯推出的软件及其他服务，都有非常细致的考虑。比如，在QQ音乐里，一般来说，收听音乐是免费的，但是如果用户想要听更高品质的音乐，就要付费。这种设计，不仅能够满足不同用户的需求，

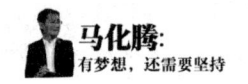

也能够使腾讯增加收入,以获得继续发展的资金支持。

如何把用户群转化为消费者

　　任何一家互联网企业,若想取得长足的发展,首先必须具备两个最基本的条件:第一,要有数量可观的产品注册用户。因为软件及网络服务的用户基础,是企业进入市场的"敲门砖";第二,就是要有能够把用户转变为消费者的能力,只有这样,才能把用户的数量变为公司的利润增长源,否则,只有外表的空架子,就难以维持其继续发展。

　　腾讯公司自创立之初,就一直在为用户数量的增加做准备。无论是销售无线寻呼,还是在ICQ的基础上推出OICQ,甚至一直到后来的QQ软件的改名之争,马化腾都在为一个中心问题考虑,那就是怎么才能够得到越来越多用户的认可与信任。但是,在QQ注册用户的数量从几百上升到几万、几十万甚至过亿的时候,另一个更为棘手的问题摆在了马化腾以及所有腾讯人的面前:数量如此庞大的用户,如何来为公司盈利?

　　在中国互联网的发展史上,有一段疯狂投钱圈地的创始阶段,马化腾也不可避免地经历过那样一番挣扎。结果,就是因为不知道如何把几百万的用户转化为公司的盈利模式,使投资者对其失去了信心,不仅没能够为公司拉来财力支持,还使得公司一度卡在发展的瓶颈之中。因此,在那之后,各个公司都开始探索更为合理的良性发展方案。其中,腾讯公司在多年的尝试之后,大致形成了后来的三大盈利模式:移动电信增值服务、互联网增值服务和网络广告。

　　这三项中的任何一项,都可以说是马化腾眼疾手快所取得的"胜利果实"。如果不是他对于互联网行业的发展前景有着清醒的认识,对于用户的需求有着准确的把握,腾讯也就不能获得如此快速的发展。

首先,移动和电信的增值服务,最具有代表性的就是手机短信息。2000年,中国的互联网行业整个都处在低迷期,也就是在这个时候,中国移动推出了"移动梦网"服务。谁也没有料到,"移动梦网"真正带领用户进入了"短信通讯时代"。

也许有人会觉得这短信一条才花一角钱,能有多大的利润空间呢?但实际上,在这小小的短信背后,有一条人们眼睛看不见的"产业链条"。以腾讯公司为例,当时腾讯的用户数量已经达到一个亿,中国移动的"二八分账协议",大大刺激了还处于睡梦中的腾讯。于是马化腾决定马上推出移动QQ的业务。这项业务解除了电脑对于使用QQ的设备限制,网友们可以通过手机来登录QQ,进行聊大。并且每月的服务费只有几元钱,非常适合大众消费。于是,此项业务很快便得到了网民的支持,特别是很多小女生,手机聊QQ对她们来说,不仅方便,更代表了一种更为时尚的沟通方式。在2001年年底,腾讯便顺利实现了1022万元人民币的纯利润,可以说是在互联网行业中"出尽风头"。很快,腾讯沿着移动QQ这条路继续开发出QQ行、QQ秀、铃声以及QQ男女等花样繁多的服务。通过这样一种盈利模式,腾讯已经能够很好地将用户转化为消费者了。

除了移动和电信增值业务,腾讯还有一项很重要的收入来源,就是互联网增值服务。这其中,又可以分为网络游戏和非游戏两种。根据腾讯的2008年财务报表,除去网络游戏之外的互联网增值收入,占据了腾讯公司收入的半壁江山。可见,网络增值的魔力并不比短信小。

可能大家很少听说"互联网增值"这个名称,但是对于它所包含的内容一定特别熟悉,例如QQ秀、QQ空间、QQ宠物以及QQ会员等等,都属于互联网增值服务。尽管这些被许多人看作是小儿科的玩意儿,但是"吸金"能力却一点也不弱,平均一个月也能够为腾讯带来1亿左右的收入。平均算下来,平均每秒就将近50元,也就是说在一眨眼的工夫,腾

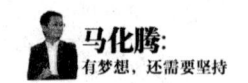

讯就利用这些小玩意儿赚到了 50 元。另外，QQ 空间和 QQ 宠物，也是非游戏网络增值服务中的重要组成部分。QQ 空间，相信每一个有 QQ 号的人都会开通一个，用来记录自己的心情，并和好友进行互动。而 QQ 宠物则几乎成为互联网企业发展中，利用用户心理来推出产品的"教科书"。因为 QQ 宠物并不是真正的游戏，也不算是社区，实际上，它只是一种虚拟概念。但是由于腾讯在设计时已做了充足的设计，使它像个真正有生命的小动物一样，用户通过给它喂食、洗澡来进行娱乐。而"我没有任何食品，请给我买一些食物吧！"这样的话，总是不时地在电脑屏幕上出现。通过这种"非游戏的娱乐"服务，腾讯几乎建立了自己在这方面的垄断地位。

由此可见，在将用户转化为消费者的过程中，最重要的不是想着如何赚钱，而应该是如何发现用户的潜在需求并尽力满足。如果只考虑"钱"字，那你只能维持住眼前的生存，只有将用户体验放在首位，才能在满足用户需求的同时，实现自己的盈利预期。

除了以上三点，腾讯还有第三项盈利方法，那就是网络广告。2008 年奥运会时，腾讯网总是能够在第一时间将准确的比赛情况传递给网民。实际上，在最开始做网络广告时，腾讯并不占据优势。当时，新浪网和搜狐网已经开始在网站上做网络广告，而且广告商多为房地产及融投资等大项目。当时，腾讯还只是在 QQ 聊天软件上挂了一个小小的横幅广告。无论是从广告的质量还是数量上来说，都远远比不上新浪和搜狐。但是，马化腾却对网络广告的发展有着自己的看法。2008 年，他在一次讲话中谈道："如果从企业盈利的角度来看，那么无疑网络游戏占据了第一位，移动和电信的增值服务、网络增值服务占据了第二位，品牌广告的市场规模可能会排到最后。但是从长远来看，网络广告一定会排到第一位，这是由它本身的优点所决定的。另外，网络广告的商业模型要比其他的方式更加稳健，所以发展起来也会更有保证。"在 2003 年时，腾讯就建立了自己的门户网站，并开始大张旗鼓地进军中国互联网的广告市场。

无论是移动和电信的增值服务、网络增值服务，还是网络广告，马化腾在建立腾讯的盈利模式时，总有自己的一套判断标准。归结起来，基本有以下几点：这项服务是否具有良好的发展前景；这项服务能不能满足用户的潜在需要；腾讯要想在这方面做出成绩，需要做哪些准备，其中哪些准备比较容易做，哪些条件现在还不具备，等等。只有把这些考虑清楚，马化腾才会进行实际工作。如果单凭自己的猜想就贸然行事，不仅不能够把用户顺利转化为公司业务的消费者，还会给公司的生存与发展带来更大的麻烦。也正是清楚这一点，马化腾才会在做决定的时候深思熟虑，从长远考虑，从大局出发，而这也是促进他取得成功的重要一步。

收费是"出路"还是"死路"

任何企业想要得到快速健康的发展，都必须要有良好的"公众美誉度"。它是品牌力量的重要组成部分，代表着用户对于这一品牌的信任与好感，其重要性要远远超过"品牌知名度"。"知名"，只能说明用户听说过这个品牌；而"美誉"，则说明用户在消费过程中，建立起了对该品牌的信任和认可。所以，一家企业只要能够在用户之间建立起"美誉度"，就相当于形成了消费者的忠诚度。举个例子，美国的苹果公司每次有新品发售时，全球所有的苹果体验店都会在之前的一两天排起长队，这就是"品牌美誉度"对公司的支持力量。但是另一方面，如果公司的"美誉度"建立还很不完善，就会影响到业务的推广。

在腾讯公司刚成立五六年的时候，马化腾发现，公司的主打业务如果继续是研发及销售无线寻呼系统，那么势必会被日新月异的互联网给抛在身后，成为众多竞争者中的败将残兵；而且，虽然腾讯当时已经开始做广告业务了，但是承接的仍是一些比较小的广告，至于后来的体育专栏等特色广告在当时还没有形成，所以公司的收入并没有增加太多。于是，在这种情况下，马化腾想到了另一条道路，那就是建立会员体系，并实行会员收费。

于是在2000年11月的时候，腾讯首次推出了"会员收费"服务。会员的含义，也就是指用户在上网时，能够比免费用户享受到更多腾讯提供的服务。但是，要想获得这些免费用户享受不到的服务，会员每年需要向腾讯缴纳120元到200元不等的会员费。

尽管马化腾对于这项服务做了良好的估计，但是，这一想法并没有引起用户的积极拥护，结果十分不理想。那时候，腾讯已经拥有了数千万活跃用户，属于互联网公司中真正的"大户"。可是，当马化腾推出会员收费的运营方案时，只征集到了3000多名会员，这个数字和总人数相比，实在是有些过于悬殊。对于其中的原因，马化腾也做过认真总结，他谈道："会员收费之所以没有很好地开展起来，一个重要的原因就是，我们之前给用户的承诺没有兑现。另外还有一点就是，中国的电子商务发展得还很不完善，会员们想要缴纳会员费时，只能通过汇款或者一卡通的方式，这样给大家带来了很多不便。如果每个月都要往邮局跑一趟，排很长的队只是为了缴纳20元的会员费，相信大多数人都会放弃这个会员资格和待遇。要想在中国真正地发展互联网，就必须解决电子金融的问题。"这一点和他后来的虚拟货币以及网上代付等有着直接的关系。

于是，马化腾本以为会让公司大赚一笔的会员收费就这样破灭了，原本以为的"出路"，最终却成了盈利的"死路"。但是，马化腾并没有轻易放弃，而是很快又找到了别的出路。

互联网发展到今天，不论是内容，还是从覆盖面来看，都比最初有了很大的进步。例如，短信息是手机所具备的一种重要的交流沟通方式。"今天我们去哪？""我还要上课，你自己去图书馆吧。""天气不错，要不要出来转转？"像这样的短信可以说随处可见，有的用户甚至还办理了短信优惠包，以便能够更多地和朋友联系。而这看似微不足道的短信，就诞生于马化腾的手中。

当初，马化腾以为能够大红大紫的会员收费人气平平，根本不能够帮助他解决腾讯公司的收入问题。所以，在他对市场情况有所了解之后，便很快找到了中国移动运营公司，希望能够进行一次关于短信服务的合作。

从在润迅通信公司打工开始，马化腾就形成了"不熟不做"的工作习惯，对于他并不熟悉，或者设备、人脉和市场等各方面都还不成熟的业务，他从不会轻易冒险。所以，这次的短信合作，也是经过他深思熟虑的。首先，伴随着互联网本身的发展，用户们对上网的需求也在逐渐提高，无线寻呼、离线发送信息等早已不能满足他们的上网需求，他们需要更快速、更简洁，同时收费相对合理的聊天方式，这就为短信的推出做好了市场准备；另一方面，马化腾在中国电信运营商中有很多朋友，人脉圈非常广泛，如果能够实现合作，达到双赢的效果，一定会给腾讯带来更大的发展机会。所以，马化腾脑海中出现的第一个想法，就是在通信方面创造利润。

在1999年2月的时候，腾讯推出了即时通信服务。当时，还没等这项服务发展起来，腾讯公司的高层就紧接着提出了一种新思路——将之前的无线寻呼、GSM短消息以及IP电话网和这款新推出的即时通信进行互联，其目的就是，力求在方便用户的同时，实现腾讯和移动运营公司的最大利润。实际上，即时通信服务的推出，本身就是为了填补之前这些通信服务的空白，使得中国的互联网通信更加完善。

值得一提的是，腾讯的即时通信在1992年推出之后，一直没有发展起来。甚至到了20世纪末的时候，中国网民中使用短消息的人数也只有区区300万人，而且用户对于这项服务的使用量也很低。分析其中的原因，马化腾曾指出，当初推出的短消息和寻呼机非常类似，而无线寻呼在中国已经发展了好几年，因此对于短消息，用户的需要并不如预想般一样。为了解决这个问题，马化腾对短信息的收费方式进行了调整，同时，中国移动和中国联通也去掉了之前的包月制收费模式，对资费水平进行了大幅度下调。另外，在推广上也做了重新策划，从之前的独立推广变为寻求合作伙伴，在推广和运营方面实现合作。

技术人员起步的马化腾，对于中国的互联网发展有着十分敏锐的洞察力。在短消息的运营方式和收费方式进行调整之后，他立即发现了这其中所蕴含的巨大商机。于是，他很快便和中国移动、中国联通建立了合作关系，使得短信息重新进入用户的视野，也带领腾讯公司获得了丰厚的利润，为他今后的发展提供了资金支持。

在从"会员收费"向"短信息"运营的改变中，我们可以看出：任何一家互联网公司，要想赢得真正的发展，就必须努力让用户建立起对公司的认可与信任，唯有如此，公司在推出新的项目时，才能获得支持。而满足用户的需要，并根据其变化不断做出调整，是赢得用户信任的根本方法。马化腾正是在"会员收费"的"出路"变"死路"中，认识到了这一点，并马上做出相应的调整，所以才能收获最后的成功。

醉翁之意不在酒，在乎广告也

今天，无论是电视、电影，还是报纸广播，随处都可以看到广告的身影。对于互联网企业来说，如果能够获得商家的广告投资，就能为自己带来利益；而对于商家来说，则能够利用网络平台的名气来扩大自己产品的知名度。所以，这是一件互利共赢的事情。

在 2000 年 8 月，腾讯首次把横幅广告放到了 OICQ 的信息窗口上，作为即将大规模发展广告业务的尝试。没想到，这个小广告的曝光率非常惊人，工作日里可以达到 4 亿次，而周末就能突破 5 亿次。仅仅三四个月之后，腾讯的广告收入就高达 150 万元，几乎占了公司总收入的 70% 还多。但是，由于腾讯公司的主打软件是 QQ，而用户定位又大多是年轻人，经统计，在 OICQ 用户中，年龄低于 26 岁的人数占总人数的 75% 以上，因此广告的受众面十分狭窄。考虑到这一点，许多商家并不想把广告放到腾讯的网站上。这样的话，腾讯的广告业务就没办法大踏步发展起来，而在当时，新浪和搜狐的广告收入已经排到了互联网企业中的前两名，把腾讯远远甩在了后面。

流量是用户的保证，人气越高的网站，产生的流量就会越多，因此任何一个商家在考虑投放广告时，都会根据这个网站的流量和影响力，来决定投放哪种广告，以及投放多少钱的广告。

因此，几乎所有的网络公司都在竭尽全力地提高人气，以此来向广告主们展现自己的实力和影响力。凭着多年积累的经验，马化腾对此十分了解，他知道，一旦腾讯能够产生巨大流量，就自然有了一道"王牌"，可以获得那些有实力的广告主的青睐。所以，当腾讯的门户网站"QQ.com"推出之后，马化腾就想到了一个"妙计"——将门户网站和 QQ 进行捆绑，这样当用户在上网打开 QQ 聊天软件时，腾讯网的迷你首页就会自动跳出来，从而产生了流量。这个办法确实有一定作用，让腾讯在不到两年的时间里，就积攒了相当的流量。到了 2006 年年底，据统计，腾讯的流量已经超过了新浪网和搜狐网，跃居排行榜第一位。这是所有腾讯员工都感到骄傲和自豪的一件事。但是，也有批评者指出，这个第一名来得并不是十分可靠。因为新浪网和搜狐网的流量，都是由用户主动点击产生的，而腾讯网却是依靠把 QQ 和网页捆绑而被动产生的，所以并不能称为真正的第一名。马化腾虽然没有作出回应，但实际上，他也了解这些流量中包含有太多的水分。虽然腾讯在流量上占据首位，却没有吸引来更多的广告主，广告收入也没有增多，这也说明，广告主对于腾讯还是有一些不放心的。

我们都知道，马化腾是做专业技术出身，所以对于广告领域的业务并不是很熟悉。为了能够让腾讯在竞争激烈的广告市场中占据一席之地，他决定立刻招兵买马，引进优秀人才来帮助自己打好这一仗。刘胜义就在这时进入腾讯公司，担任副总裁的职务，而他的工作正是负责网络媒体和在线广告的拓展工作。由于刘胜义本人就是职业的广告人，不仅有丰富的工作经验，还有着大量的人脉关系。所以，他刚一任职，就为腾讯带来了几个大的广告订单。

但是为了长远发展，马化腾认为只有短期的广告还是不行的，于是在他的建议下，刘胜义又为腾讯公司量身打造了广告业务的分析理论，并研发出了"数字媒体触点解决方案"。这个方案的推出，让马化腾非常惊喜，这标志着腾讯的广告业务又向前迈进了一大步，有了质的飞跃。

谈到"数字媒体触点解决方案"，也许很多人并不熟悉，但实际上，它和我们的上网需求密切相关。有了这套方案，腾讯就可以对所有的用户资料进行重新编排整理，然后根据类型的不同，把资料存入数据库内。通过系统索引来进行查询，就可以满足不同营销的需求了。对于这个方案的重要性，马化腾曾说道："过去腾讯公司对于用户的个人需要一无所知，所以在流量的竞争中总是处于弱势。有了这套方案，每位用户的上网需求，我们都可以清楚地掌握，然后有针对性地为他们提供最好的服务。腾讯要进行广告运营，就必须清楚了解每一位用户的上网需求，否则一切都是空谈。"

了解到用户需要之后，还有一个需要考虑的问题，那就是按照国家的相关规定，门户网站在社会新闻、财经新闻和时政新闻等方面不具有发布权力，只能够转载一些平面媒体和那些有发布权的网站的文章。这样，腾讯就很难在这些新闻上做出自己的风格。经过考虑，马化腾决定把人力和物力都集中在"运动"这一块，例如世界杯和奥运会等，腾讯都费尽心力地在为用户提供最及时准确的新闻。

既然时政和财经等新闻的发展空间不大，就没有必要继续吊在这一棵树上，否则，只会浪费自己的时间和精力，还收获不到预期的效果。倒不如另辟蹊径，以四两拨千斤的方法，打造出自己的新天地。正是出于这样的考虑，马化腾才做出主打体育新闻这样一个重要的决定。

在 2006 年世界杯足球赛期间，腾讯在其网页上专门增加了世界杯的专属页面，只要网友登录了 QQ，就能够接收到当天最新的世界杯新闻。之后，到了 2008 年，中国举办了举世瞩目的奥运会，腾讯当然不会放过这个好机会，通过和国家队的五大运动队合作，腾讯能够在比赛后第一时间采访他们，并且还拥有了 100 多名运动员博客的独家发布权。

在一步步努力中，腾讯逐渐成为有着巨大影响力的互联网第一门户。除了体育新闻之外，腾讯还和《重庆商报》合作建成了大渝网，之后还建立了西安腾讯网和腾讯大成网等地方性的门户网站。伴随着用户的增多，腾讯的人气越来越旺，吸引到了很多广告主的注意。根据有关人士的透露，在 2008 年，仅仅是大渝网、大楚网和大成网三个门户网站，就凭借广告收入，盈利达 3000 万元。

从单纯地投放广告，到根据用户的不同需要来分类做广告；从主打体育新闻，到建立地方门户网站，马化腾靠着准确的决策让腾讯又向前迈了一大步。广告的投放，如果做得好，能够实现公司和广告主的双赢；但如果做得不好，不仅不能实现良好的广告效应，还会引起用户的不满。平衡好这个跷跷板的关键因素，就是要明白用户的真实需求。而马化腾也正是凭着这一点，赢得了广告大战的成功。

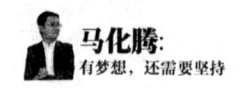

虚拟货币，天马行空的赚钱经

马化腾一贯以行事低调著称，由于自己是技术出身，所以对于用户的潜在体验非常重视。在不断的发展中，腾讯的用户数量已经突破了上亿大关，仅是QQ游戏一项，也有几十万的固定用户。这让马化腾体验到资源资本化的奥妙。马化腾相信，只要能够把用户的潜在需要放在首位，并认真研究出相应的操作方案，在严格执行中就能够留住用户，同时，也就保证了利润的最大限度增长。而这种利润的增长，也不是短期内的，而是长期可持续的。为了能够更加了解用户的潜在需要，马化腾可以说是随时都在寻找新的机遇。

许多腾讯公司内部的员工都知道，马化腾的QQ上有一个属于自己的QQ秀头像，那是一个打扮非常新潮的青年形象，他戴着黑色墨镜，穿着发光的牛仔裤，有着刺猬头的发型。而这种形象和马化腾的性格有着强烈的反差。这种让用户在网络上对自己的形象进行虚拟装扮，正是腾讯的一大创举，也是马化腾的经典决策之一。

在2002年的时候，腾讯的产品经理许良到韩国去考察，他偶然发现了一款网络游戏Avatar。在这款游戏中，用户只要交付费用，就可以按照自己的喜好来改变网络中的虚拟形象，包括发型、服装、场景等等。当时许良心想，是不是也可以把这种虚拟形象运用到QQ上面呢？

马化腾对于这个意见很重视，表态道："只要大家认真去做，就一定可以研发出腾讯自己的产品。假如腾讯的用户在聊天的同时，能选择自己喜欢的发型和服装来装扮自己，一定会成为公司的忠诚用户，还能够帮公司带来更多的潜在用户。但是有一点，无论做成什么样，最关键的是要让产品具有创新性，要让用户觉得腾讯的软件不同于一般，千万不能模仿抄袭。"同时他也开始考虑这项服务的未来发展前景,"假如每个用户都花一元钱,来为自己的 QQ 形象买件衣服,那么收入就是惊人的。所以,我们一定要把这个项目顺利拿下。"

经过一段时间的研究,在 2003 年的时候,腾讯的 QQ 秀研发成功并开始对外开放。它是一种基于 QQ 聊天软件的形象设计系统,在这里,用户可以利用 Q 币来对自己的形象进行设计和改换。根据腾讯公司的统计,享用 QQ 秀和 QQ 所提供的其他会员服务的用户比例超过了 7%,如果把数以亿计的用户总数量作为基数,那么这个数量就要超过千万了,的确不容忽视。

为了让 QQ 秀和其他会员服务得到更好的发展,腾讯研发出一件秘密武器,那就是虚拟世界里最强势的货币——Q 币。推出这一虚拟货币,是有着内在原因的。最初,腾讯公司的 QQ 平台有许多单项服务,每一项的收费都很低。为了不让用户每一次缴费都要跑到银行去,于是推出了用手机费用来代缴 QQ 网络费用的方式。但是,随着腾讯推出的服务越来越多,用户需要交费的项目也随之增多。在这种情况下,马化腾就决定发行虚拟货币。所谓的虚拟货币,就是在网络中购买服务时所使用的货币。用户可以按照兑换率,用现实中货币购买适当的 Q 币,这就像是把钱先支付给了腾讯公司,然后,在享受例如更换 QQ 秀等网络服务时,就可以用这种虚拟的货币来进行网上支付了。这样不仅节约了用户的时间,也使得网络消费的方式更加新鲜和有创意,赢得了大量年轻人的支持。因此,Q 币一经研发出来,马上就积攒了大量的固定用户。用 Q 币消费,也随之成为一个时尚的消费行为。

在 Q 币发明出来之后,腾讯公司在网络虚拟世界中的业务也就随之不断增多,除了 QQ 秀,腾讯还相继推出了 QQ 音乐、QQ 游戏、QQ 宠物和网络杂志等等,只要用户购买了 Q 币,这些服务都可以享受。为了能够使自己公司的 Q 币更便于用户购买使用,马化腾还想了很多办法。

一方面，他找到电信网络、网游公司和网上银行等，协商之后开始进行合作；另一方面，他还找到了网吧、邮局和报亭、商店等进行合作，寻找多个渠道方便用户来购买 Q 币，加大这种虚拟货币的推广范围。

谁都没有想到，这种虚拟货币的力量会这么强大，没用多长时间，腾讯就凭着它赚得盆满钵满。腾讯 QQ 的定位主要是年轻人，用户消费几元来购买 QQ 秀服装、网络杂志等都很常见。所以在 2004 年的前三个季度，腾讯仅凭着 QQ 秀一项，就盈利 3.28 亿元，更不要说用 Q 币购买其他服务的收入了。随着使用 Q 币用户的人数不断增加，一些同样定位在 QQ 用户群体的实体公司和其他企业都找到腾讯，希望能够进行合作。例如在饮料、时尚 T 恤和精美饰品等商品的促销活动中，利用向消费者赠送 Q 币来提高销量。通过这些合作，腾讯公司的名气得到进一步的提高，同时还树立了良好的口碑，并为公司之后的发展积攒了充裕的资金，公司的发展规模也得到了进一步扩大。

虚拟货币的产生，源于腾讯公司对用户需要的认真思考和勇敢探索。只要用心考察市场，站在用户的角度认真思考，就一定能够赢得用户的认可，同时为自己带来利益。

作为腾讯的 CEO，马化腾虽然外表上沉稳安静，实际上观察市场的眼光是非常敏锐的，他总能在纷繁多变的互联网世界中，发现新的利润增长点，探寻出具有创新意义的突破口。通过虚拟货币，网民在 QQ 上可以享受的服务、进行的娱乐项目更多了，在聊天的同时还能够进行造型设计，例如听音乐、玩游戏等。用户的上网趣味性增加了，自然会更喜欢网络，并且，哪家公司推出的网络服务更好，就会选择哪家公司的软件和服务。正是看中了这一点，马化腾才能带领腾讯公司在一步步坎坷中，走出独具特色的运营之路，发展成为一家具有实力的网络大企业。

第三章

娱乐至上，玩出来的生产力

从市场角度来看，腾讯无疑是一位颇具实力的竞争者。可是，在它不断研发推出新技术的背后，实际上是至高的娱乐精神在做支撑。如果没有马化腾高人一等的产品决策之术，也就不会出现腾讯"做什么，火什么"的现象。马化腾是技术人员出身，却比技术人员更懂市场，同时，也比市场人员更了解技术。

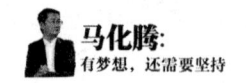

"有趣"比"有用"更能吸引关注

中国互联网的发展，从一开始的简单的网上聊天，到后来逐渐增多的网络通信、网络电视、网络购物和网络游戏等服务，娱乐性是始终贯穿其中的。而在这些网络服务项目当中，游戏无疑最具有娱乐性的特点。因此，它也成了最受网民欢迎的休闲方式。

随着技术的不断提高，中国的网游同样发展得越来越好。深谙市场发展趋势的马化腾当然不会放过这个机会，在网络游戏刚刚起步阶段，腾讯公司就推出了自己的游戏项目。经过一步步的发展，腾讯的游戏平台已经成为国内著名的网游品牌。

早在2008年的时候，马化腾就曾对网络市场未来的发展做出了判断，他认为，伴随着中国互联网的发展，网络广告和网络游戏将成为商家全力竞争的领域，如果腾讯能够在这两方面下足功夫，那么一定能够在盈利的同时扩大自己的市场占有率。

不论是网络广告，还是网络游戏，都有着自己独特清晰的发展路线。而在这两个项目中，腾讯公司在最初时并不具备很强的竞争力，还有很大的上升空间。特别是网络游戏这一块，腾讯起步并不算早，直到网络游戏产生5年之后，才开始进军网游领域。

当时，中国做网游最有名的要数盛大公司了，《传奇》这款游戏，不仅为盛大带来了丰厚的收入，也使得盛大的名字在一夜之间响彻大江南北。马化腾也是《传奇》的玩家之一。在玩游戏的过程中，他看到了这一领域的巨大商机。像马化腾一样，很多人都开始把越来越多的时间投入到网络游戏当中。因此，只要能够把握住机会，一定能在网游中淘到宝藏。

当时，中国互联网领域里，除了盛大公司，网易和九城也在网游领域里做得风生水起。整个市场上，也有超过百家的公司盯着这块大蛋糕，希望能够分到一杯羹。这些情况并没有吓退马化腾，反而更加激发了他进军网游的信心。

2005年年末的时候，马化腾终于对如何发展网游做出了决策。当时，中国的网游发展模式大致有两个方面，其一是自主研发，其二是从外国引进。这两种模式选择任何一种，都会有失偏颇。因此，马化腾决定，腾讯在发展网游时，要采取中庸之道，一边开始为一些国外成熟的游戏品牌做代理，同时也开始提高自主研发的速度。通过这个发展模式，使腾讯公司顺利挤进了网游市场，也使其竞争力得到了不断的提高。

腾讯网游的发展路线，是马化腾经过认真考虑之后决定的。在他看来，当时国外已经出现了好多发展成熟的游戏品牌，如果这些游戏进入中国，势必会出现大量的竞争对手来争夺代理的资格。相比其他公司，腾讯在网游领域起步晚，发展慢，因而并没有太多的竞争优势。除此之外，虽然代理别家的游戏容易成功，但实际上也有很多不可预知的干扰性因素，就连当时已经很有名的盛大公司也受到过这样的干扰。当时，陈天桥和韩国的Actoz公司在版权方面存在着纠纷，最终只好通过将其购买才彻底解决这个问题。因此，马化腾清楚地知道，单纯地做国外游戏代理，也有很多不确定性因素。但是另一方面，一味地关起门来进行自主研发，对当时的腾讯来说，也不是一件易事。因为各方面条件还都不具备，所以很难达到国际一流水平，因而也就很可能被市场淘汰。经过这两方面考虑，马化腾才决定将二者有机结合在一起，相辅相成，在循序渐进中提高腾讯网游平台的竞争力。

2008年，马化腾表示，公司将加大对网络游戏的投入。当时，腾讯已经研发出了大型多角色网络游戏，如果将其推出，一定会带来更高的利润。但是，马化腾并没有这么做，而是代理了另外三款游戏，它们分别是网络FPS（射击类游戏）专业开发公司研发的《穿越火线》，韩国开发的将经典街机与网络游戏结合的《地下城与勇士》，以及国内最具实力的游戏工作室像素软件开发的中国美术片风格的《寻仙》。

针对这种做法，马化腾曾在2007年的年报中指出：尽管和推出自主研发的游戏相比，代理游戏的利润较低，同时对于处于初级阶段的游戏公司来说，也面临着较高的风险。但是，腾讯相信自己选择的道路是正确的，相信通过此举，能够在竞争激烈的网游领域中占得一席之地，并且获得更加优质的游戏和更具有创造性的人才。

事实证明，腾讯选择的道路是正确的。从今天来看，无论是腾讯的QQ游戏平台，还是自主的大型网游，都占据了大量的市场份额。而腾讯，也从一家专做聊天软件的网络小公司，转身变为网络服务多样且颇具实力的网络企业。

尽管人们对于网络游戏还有着很多的顾虑，因为一方面，网络游戏的娱乐性很强，可以让玩家在游戏当中暂时忘记现实生活中的烦恼与压力；但与此同时，各种媒体上频频出现青少年因沉迷网游而引发悲剧的案例。确实，有些年轻人因为把大量时间投入到网络游戏中而荒废了学业，更有甚者出现了抢劫偷盗的恶性事件。但是，不可否认的是，网络游戏已经成为今天网络发展不可缺少的一部分，仅就公司收益这一项来说，网游就为中国互联网行业保存了进一步发展的力量。

和传统文化发展不同的是，网络文化的发展动力，重在娱乐性。网络，由于其本身和现实存在一定的距离，因此能够为网民营造一个暂时的"世外桃源"。通过网络聊天、网络游戏和网上购物等项目，能够帮助人们减轻社会压力，放松紧绷的神经。这其中，又以网游的贡献最大。有很多角色型网游，能够让网民在虚幻的世界中成为自己心目中的英雄，而非现实中平庸的小人物。虽然有一些麻痹神经，但是这一点确实成为网游的吸引力所在。

关于如何发展网游，不同的公司有不同的做法，盛大、九城等公司主要是把精力、财力投入到代理国外成熟的游戏品牌上。腾讯在吸取经验的基础上，开发了"代理品牌+自主研发"的发展模式。不仅让公司在网游领域平稳着陆，还让网友有了更多的娱乐体验。除了网络游戏之外，还相应推出了很多非游戏娱乐项目，其中QQ秀、开心农场等就是很不错的产品。这种"娱乐+游戏"的发展模式，能够覆盖大面积的网络娱乐领域。通过游戏和非游戏娱乐型项目的有机结合，使得被吸引的用户越来越多。而在此基础上，也能够对用户群体进行分类，根据各个群体不同的娱乐喜好，有针对性地推出不同的娱乐服务。这种做法，是值得后起的网络公司学习的。

随着网民数量和网络公司的增多，互联网已经深入到了社会的各个角落。而伴随着互联网的发展，网络文化也成为当今社会精神层面不可或缺的一部分。只有重视网络文化，对其投入财力、物力和人力，在为其他游戏品牌做广告的同时，也打响自己的游戏品牌，才能够在竞争激烈的市场中赢得一席之地，也才能够紧跟网络市场发展的脚步，把准网络文化脉络。要知道，对现代人来说，"有趣"有时候比"有用"更能够吸引关注。马化腾就是根据这一点，带领腾讯公司顺利进入了网游这片海洋，并且卷起了漂亮的浪花！

Q时代，Q人类，Q生活

提到中国的互联网发展，QQ是必不可少的重要一部分。而在这款免费聊天软件的背后，还有些更多更有趣的网络服务，这也是腾讯公司发展迅速的关键所在。有很多网友戏称现在进入了Q时代，大家都成了Q人类，而我们的生活也变成了Q生活。

当"移动梦网"推出的时候，马化腾及时抓住了机会，凭借手机移

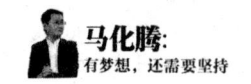

动QQ的发展，腾讯公司的业务量在很长一段时间内占据"移动梦网"合作方榜首。早在2000年年底，腾讯就成为中国互联网行业中最早盈利的公司之一。这其中，移动QQ功不可没。比起现在的最新版本，当时的手机移动QQ还处于较为低端的阶段，主要的功能仅有给QQ用户发消息、查阅来自QQ的消息、查看在线好友，以及通过不同的条件查询QQ用户的信息等。同时，用户也可以对是否接收来自QQ的消息进行设置。

2007年《纽约时报》发表一篇名为《中国的互联网建立在虚拟娱乐》的文章中指出，虚拟娱乐可以说是中国互联网行业发展的一大特征。娱乐，是伴随经济发展而产生的新的社会文化。

除去QQ和手机移动QQ外，Q生活中还有一个重要组成部分，那就是腾讯公司推出的QQ秀。QQ秀的诞生，让腾讯迅速找到了拓宽自己发展道路的办法。玩，在QQ秀的身上体现得最为彻底。在这里，用户不是为了获取知识，拓宽交际面，或者获得一些有用的资讯。它像游戏一样具有吸引力，却又不像游戏那样具有竞争性。非游戏娱乐可以说是腾讯公司的主打，就连腾讯公司的业务系统执行副总裁吴宵光也说过："QQ秀是我们用户真正去爱的产品。"随着喜爱QQ秀的用户越来越多，Q币也横空出世。Q币的产生，不仅完善了QQ秀的发展，还拓宽了非游戏性娱乐的范围，在后来的QQ音乐、QQ空间的发展中都起到了关键性的作用。

2005年的时候，又一款好玩的娱乐性项目诞生于腾讯公司，这个新产品和以往的游戏都不同，它让用户体验到类似真实的情感交流，它就是QQ宠物。然而在2005年推出之后，QQ宠物并没有一下子聚集起大量人气。但是，这款产品还是让很多用户回忆起那个人人手里都带着电子鸡的时代。凭借着QQ已经积累的众多用户，再加上QQ宠物的强大推广渠道，QQ宠物很快便赢得了网民的认可和喜爱。经过一年的时间，在2006

年 7 月的时候，QQ 宠物的最高同时在线人数便突破了百万大关，成为国内最大的网络虚拟宠物社区。

不论是 QQ、移动 QQ，还是 QQ 秀、QQ 宠物，马化腾始终遵守着一项经营策略，那就是在继续发展支柱产品的基础上，对相关的周边产品投入一定的人力和物力。这样，既可以保证主要产品的后续发展，同时也能够利用周边产品来给用户增加新鲜感，提高公司的市场占有率。腾讯的 Q 字头之所以能够如此深入人心，也是因为这项经营策略所起的关键性作用。今天，每当我们谈到 QQ、QQ 宠物、QQ 音乐等网络产品的时候，总会一下子就想到腾讯这个品牌。这种将产品通过名字紧密联系在一起，并以此来吸引更多用户的决策，就是马化腾的管理经营才能的体现。

现在，Q 时代的生活，是很多年轻人用来证明自己个性，不同于大众的标志。在他们看来，登录 QQ 时跳出一只能吃能睡的胖胖的小企鹅，或者在聊天框的右边设置出自己青春新潮的 QQ 秀形象，都是向别人展示自己的机会。而随着腾讯的不断发展壮大，这种少数人的福利也慢慢变成了大众的娱乐项目。从另一方面来看，这也说明了腾讯公司在中国互联网行业中所取得的成功。

很多小公司在创立之时，都有贪多求全的缺点。它们以为只要能够把内容繁多复杂的网络服务塞到用户手中，公司就能够被市场接纳，就能跟着社会的脚步得到发展壮大。其实，这恰恰会给自己的发展带来一些阻碍。因为互联网行业中的竞争十分激烈，信息量又非常庞大，如果没有卖点，不足以把网民吸引到自己的产品面前，就很难做到真正意义上的推广。

一般来说，任何一名用户在面对网络上的海量信息时，都会根据自己的需求进行筛选，以便达到最好的上网效果。而公司的名气和品牌认知度，就是用户在进行信息筛选时重要的参考指数。名气越大的公司，越容易吸引到更多的人；而那些处于起步阶段的小公司，就很难被用户发现。

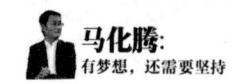

因此想要在短时间内积聚起较高的人气，就需要在产品特色上下功夫。像腾讯这样，在推出QQ这款主打的即时免费聊天软件之后，开始围绕这款主打产品开发出一些相关的网络服务，例如QQ宠物、QQ空间和QQ秀等等。这样做，一方面能够提高主打产品的名气，帮助QQ这只小企鹅得到更好更快地成长；另一方面，依托着QQ这个平台和几亿用户的基础，这些新推出的新产品也能够很快地被用户所熟知，并得到认可和称赞。试想，如果没有这样数量庞大的用户群体，而且公司的规模比较小，那么当它在推出一款新的网络宠物时，就很难在较短的时间内积累起大量的固定用户。再者，任何一家网络公司都不可能只推出一款网络产品。为了能够占据更多的市场份额，所有的商家都在绞尽脑汁地研发新产品，或者代理国外已经发展成熟的产品品牌。不论是自主研发，还是做品牌代理，都要有一款主打产品，用它来为公司积聚人气，积攒用户数量，打响公司品牌。如果没有主打产品，对待所有的服务和项目都一样，对于用户来说，就很难发现这家网络公司的特色所在，公司的品牌也就不容易打响。因此，要想获得长久的发展，必须采取大力发展主要产品，不断开发相关服务的经营模式，只有这样，才能既保存了竞争实力，又让用户不断体验到新鲜感，不至于被社会的高速发展所淘汰。

　　Q时代、Q生活以及Q人类等词语之所以会流行，正是说明了腾讯公司的软件深入人心。能够达到这一步，正是马化腾深思熟虑、不断创新的结果。在中国的互联网领域中，有成千上万家网络公司，但是，网民最终却只被定义为Q人类。这个Q字头，足以说明腾讯在国内，甚至国外的互联网行业的影响力之大。可见，任何一家企业，有了好的软件、好的网络产品只是第一步，只有具备了好的经营模式和推广模式，才是公司成功的关键。

在"玩"字上找商机

腾讯公司在最初创业时,就把用户群体定位在了在校大学生以及社会上的年轻人。爱玩,是年轻人最大的特点,他们喜欢有创意的设计,容易被新奇的玩意儿所吸引。针对这一特点,马化腾决定公司的未来发展,一定要围着"娱乐性"打转,必须在"玩"字上找商机。

自从腾讯公司研发出 QQ 这个聊天软件之后,马化腾就一直在思考着这样一个问题:如何用互联网的娱乐性来吸引更多的用户?为了实现这一点,QQ 经历了多个版本的升级换代。在 2004 年腾讯公司推出了 QQ 2004 版,这不仅是公司成功上市之后的第一个 QQ 版本,同时也是 QQ 发展史上值得纪念的一笔。

在新的版本中,出现了 QQ 等级这一新的设计。用户想要提升自己的 QQ 等级,就需要积累 QQ 在线时间,在线时间积累得越长,QQ 等级也就越高。而相应的等级还可以让用户享受到相关的优惠,另外还可以参加奖励活动。例如,当用户的 QQ 等级成为一个太阳,也就是 16 级的时候,就可以享受任意上传图片来设置自定义的 QQ 头像,同时还拥有了建立 QQ 群的权力。

新的版本一经推出,就受到了用户的追捧。有很多办公室白领为了能够提升 QQ 等级,在休息时也不关电脑,为的就是能挂着 QQ 积累在线时长。当时市场上甚至还出现了自动挂 QQ 的插件。可见,QQ 等级这一新的玩法确实赢得了大家的认可和喜爱。而 QQ 的季度最高同时在线人数也从 2004 年第三季的 940 万人上升为 1650 万人,并且时间仅仅用了三个月。

除了 QQ 等级的玩法,当时腾讯还发展了 QQ 会员的服务。最初的

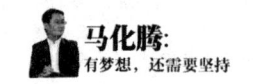

会员有 2 元 / 月的入门会员和 10 元 / 月的高级会员两种，划分比较单一。为了让用户更好地体验用户等级的乐趣，和 QQ 等级类似，腾讯又推出了会员成长体系，将付费用户的身份和优惠体现在方方面面。一方面让更多的用户了解了这项服务，另一方面也促进了用户的连续付费。用户只要花上几元或者十几元就可以享受到更多的乐趣，在互联网中玩到更多的东西，腾讯公司也在提供更多的服务中获取了利益。

说到好玩，还有一个和 QQ 联系紧密的网络项目就是腾讯的 QQ 空间。QQ 空间的设计最早源于博客。在 1998 年，已经有人开始设想能否把自己的日志、每日记录和进展等发表到网上。到了 2000 年，这个想法在国外真正地实现了。同年，博客也进入到中国来，并获得迅速发展。2005 年开始，国内各大门户网站，如新浪、搜狐、腾讯等，都加入了博客的队伍。这些博客也大致分为两种，一类是名人博客，另外一类属于草根博客，也就是普通人记录生活点滴和所想所感的文章。

经过一段时间的发展，马化腾认为腾讯可以根据博客的基本特点，推出一个与 QQ 紧密相连的产品，这就是后来的 QQ 空间，也就 Qzone。2005 年的时候，一个具有个性化、娱乐性的网络空间进军到博客战场，并很快积聚了很高的人气。

QQ 空间和其他博客的不同点在于，除了可以记录自己的生活发展、内心感情，还可以放一些自己喜欢的文章、音乐和图片到空间里；并且通过设置不同的首页模板，来彰显自己的个性。除此之外，还可以链接动听的音乐和网站；空间中还可以设置一些小挂件、背景、日历和星座运程；等等。这些设计都只有一个目的：让用户玩得开心，获得网络体验的满足感。当然和其他网站的博客相比，腾讯的 QQ 空间少了点博文的思想性和深度。但是，空间的布置、装饰和摆设等内容，同样吸引了大量用户。

现在，QQ 空间几乎和 QQ 号合为一体，当人们加另一个人为好友时，只要浏览一下对方的 QQ 空间，就可以对其兴趣爱好等有个大致的了解。同时，我们也可以通过QQ空间来向好友展示自己。QQ空间作为QQ的附属物，获得如此巨大的成功，想必是马化腾之前没有想到的。

进入现代社会，特别是互联网时代，网络几乎覆盖了地球的各个角落。人们上网的最大享受，除了获得一些新闻资讯，就是获得娱乐性的体验。换句话说，如果在上网的时间内，大家仍必须保持严肃的态度，机械的思维，那么网民的数量一定会大大缩减。玩，体现现代人的新的生活观念，而网络生活的虚拟性和转瞬即逝的特点，让人们能够在网络中暂时放松心情，放下压力，找回轻松的感觉。

中国互联网的发展，的确离不开"玩"这个字。孩子上网打游戏是为了玩，年轻人上网聊天养宠物也是为了玩，有一些老年人，也会给自己申请一个QQ账号，主要也是用来玩游戏、聊天等等。如果互联网的发展失去了娱乐性，那么它与传统媒介相比，就不具备特别的吸引之处了。不论是电视、广播，还是报纸等平面媒体，它们的娱乐性和趣味性都无法和网络相比。这是由互联网本身的特点所决定的。马化腾自从在深圳读大学开始，就接触到网络，对于互联网的特点，他有着十分深刻的体会。互联网的产生，让人与人的沟通和交流变得更为直接、更为迅速。另外，由于互联网无限大的存储量，用户也能够接触到比传统媒体更多的信息。在众多门户网站、网络商家的竞争中，有趣、好玩、能吸引人，是商家能够胜出的关键。为了达到这一点，各家网络公司也在费尽心思地研发出好玩的新产品。

马化腾就是其中一个，在他的带领下，腾讯这个最初只有五个人的小公司，终于变成了互联网行业中的翘首。若不是互联网如此快速的发展，谁都想不到，"会玩"也能创造业绩，也能提高公司的利益增长点。

当然，若想在"玩"字身上找到商机，提高公司的生产力，就不能只是一味地瞎玩。要知道，随着社会整体教育程度的不断提高，网民对于"玩"的要求也变得越来越高。无聊的、内容空洞的产品，不仅不能为公

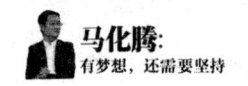

司赢得客户的信赖，还会因小失大，砸了自己的品牌。腾讯在这一点上就有很多值得借鉴的地方。QQ的产生，不是单纯的游乐消遣，它所改变的是中国人长久以来的联系方式。当人们从写信、打电话，到普遍使用QQ来聊天时，腾讯就成功了。

也许有人认为拥有上亿的免费用户，并不能为公司带来真正的利润。但是，想要在互联网行业发展，想要带着大家一起玩，并且玩得高兴、玩得有利益，就必须先积累大量的忠诚用户。只有这样，才能在新产品推出时，及时得到大家的响应。这一点，也在后来腾讯推出QQ秀和全球宠物等新服务时得到了证明。要想让用户喜欢自己的产品和服务，就要比用户更"会玩"，更能从产品和服务中发现乐趣；要实现这一点，了解客户的潜在需求是不可缺少的。由于马化腾在大学时期就开始接触电脑，所以他能够站在用户的立场来思考问题、看待产品。为了能让用户获得最好的上网体验，每个新产品在进入市场之前，他都要和大家试验多次，不断对其进行修改，直到满意为止。

腾讯做的不是生意而是生态

任何一家企业，若想长期发展，必须要在企业内部营造出健康的企业文化，优秀的企业文化，是企业获得成功的软实力，只有抛开小生意人那种一分一毫的输赢观念，才能把生意转变为生态，给企业的发展注入不竭动力。

马化腾在带领腾讯发展的过程中，为腾讯公司的发展前景作出了正确的把控。在腾讯公司的相关表述中，是这样来规划公司的未来发展的：坚持诚信负责的态度，共同成长的理念，从大局规划，着眼未来；坚持"用户第一"的原则，企业的发展要依托公司所创造的用户价值和社会价值；

重视员工利益，给员工更充分的提升空间，在保障企业价值的前提下，追求员工价值的最大实现；与合作伙伴携手成长，共同创造价值，获得双赢甚至多赢；回馈社会，以身作则，带头领导互联网行业的健康发展。这些表述，足以看出腾讯公司的发展目标，并不是赚够多少钱，而是成为一家受人尊敬、形象健康的互联网企业。

2007年，马化腾被《时代》杂志评为全球最有影响力的100人之一，并且被称为"中国青少年眼中的现代英雄"。更有国外媒体这样评价腾讯公司，说它"开创了一种全新的商业模式"。然而，所有这些称赞，除了马化腾过于常人的专业技术，更重要的是因为他对于用户体验的敏感度。要知道，"首席体验官"这个称谓对于马化腾来说，绝不是凭空所得。除了体验自己公司的产品，他还常常会使用其他网络公司的产品，通过比较，找出自己的不足，及时改进。正是有了这样的准备，马化腾才敢对外界说："我试过所有的即时通信软件，每一个！"他还说："从用户的角度来看待我们的产品，通过实际的体验做到不断地提升，这种乐趣比单纯地管理公司更吸引我，我非常喜欢首席体验官这个角色。"像现在风靡国内外的QQ秀，就是因为马化腾广泛体验网络产品才得到的。当时，马化腾正在浏览一家韩国网站，网站中有一项给虚拟形象穿衣服的服务，对市场十分了解的他，马上意识到这是一个商机，同时，由于QQ是腾讯公司的主打产品，所以他决定，在QQ上开发类似的产品，这也就是后来的QQ秀了。

做生态和做生意不同。生意，讲究的是实际收入，利益的最大化。单纯地做生意，甚至会为了赚取更多的钱而付出破坏环境、破坏市场和丢失道德的代价。要想让自己获得成长，首先应该努力营造良好的大环境。只有市场健康发展，才能把自己的产品和用户顺利连接在一起。而要想打造生态性的市场环境，首先就要从自身做起。腾讯在从生意到生态的转变过程中，坚持开放与分享。既不能关起门来造车，也不能"各人自扫门前雪，莫管他人瓦上霜"。

腾讯的开放，不单单是经营策略的转变，更是公司使命的转变，针对这一点，马化腾有个形象的比喻。在1995年，马化腾、张志东等人开始创业的时候，就像是种下了一棵小树苗。为了能够让这棵树苗活下来，就必须把精力全部放在浇水、施肥和松土等基本工作上，所以当时大家脑子里所想的都是能不能挣到钱，员工的工资能不能按时发放。当小树苗渐渐长大，果树越来越多，大家的目标就不是单单保住这一棵树的成活了。为了能够让所有树木都得到健康的成长，你就要关心果园的气候是不是适宜，会不会发生病虫害之类的意外等等。因此，腾讯在进入发展稳定期之后，必须从只关心自己一家的输赢，转化到关心整个行业、整条产业链的发展情况，心态也得从"精心栽种小树苗"转变为"维护果园的健康生态环境"。这不仅仅是腾讯一家网络公司的责任，更是所有互联网企业应该主动担起的任务。

在2011年的1月，腾讯对外宣布成立50亿元人民币规模的"腾讯共赢产业基金"。成立这项基金的目的就在于推动中国互联网行业的发展，扶持中小网络公司，并且为许多新企业、新产品等提供资金支持。这项基金的关注点，包括了网络游戏、社交游戏、无线互联网和电子商务等各个领域。产业共赢资金的发力也在暗示着，腾讯不仅在商业合作上对外开放，也开始在资本层面对外开放，致力于要营造出中国健康良好的产业生态圈。

马化腾常常会在接受采访时，或者一些经济会议上提道：腾讯公司的目标是要成为一家受人尊敬的企业。那么，如何做才能实现这一目标呢？首先，产品是企业进入市场的敲门砖，没有好的产品，再好的广告也不管用。所以，要研发推出那些大家能够真正接受、真正喜爱、真正信任的产品，这是基础工作。其次，要保证公司能够持续发展，成为受人尊敬的公司，不会在经营一两年之后就破产解散，消失得无影无踪。再次，公司的内部一定要团结一致，要有一些有冲劲、有创意、肯吃苦的员工在做支撑，否则，到最后公司只会变成一个空架子。而最重要的一点，同时也是用户在判断企业形象时经常会参照的一点就是，公司在成功之后有没有回馈社会，用自己的力量去帮助更多的人、更多的企业获得新的生机。当一家网络公司带领自己的用户在向社会献爱心时，那它就成功了。因为它已经成为行业中，甚至是整个社会中的公益榜样，这会让用户更加信赖这家企业，也会觉得在这样的带领下获得了成长；而这种成长，一定比打赢一场网络游戏更有价值。

当然，腾讯还在不断地发展当中，还有一些不足需要改进。但是，这种把生意做成生态的使命感，是值得其他网络公司学习的。因为如果人家都只顾做生意，市场上充满了恶性竞争，不要说搞自主研发来获得成功，恐怕就连代理国外的成熟品牌都会很难做到。而只有当所有的网络商家一起努力，中国的互联网行业才能够获得健康发展，中国的互联网经济才能够迅速腾飞，所有的网络企业也才能够实现真正意义上的共赢。

娱乐性具有无限的可能

尽管互联网这个新兴行业发展得这样快，但也不缺乏年轻有为、有胆有识的弄潮儿。当互联网成了塑造中国年轻富豪最多的行业时，马化腾也在这片乐土上恣意地遨游，希望通过自己的努力，带领腾讯成为中国最有潜力的互联网企业。

要想实现马化腾预想中的目标，专业的研发技术虽然很重要，但最重要的是产品的特性。想要在短时间内被用户接纳，研发推出的网络产品必须具有娱乐性。深谙市场发展原理的马化腾，当然清楚这一点。所以，腾讯公司所研发的每一项产品都有一个共同点，那就是十分符合用户的上网

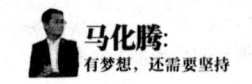

需求，对于用户有着长期的吸引力。换句话说，正是因为市场中用户的需要，腾讯才能推出那么多那么好的产品和创意。

腾讯公司在建立之初，公司里的员工们常常在休息时玩一些局域网的对战游戏。游戏结束之后，大家都很希望能有个地方讨论一下战况。如果仅仅是讨论游戏，那么使用 QQ 聊天室显得奢侈了一点，而 QQ 聊天软件又没有多人同时聊天的功能。在这种情况下，QQ 群的想法被激发了出来。很快，在 2002 年的版本中，就出现了 QQ 群的功能。在 QQ 群里，用户可以发送群消息，也可以接收到 QQ 群中任意一位好友的回复。这样，大家有什么事需要一起讨论时，就方便多了。为了能够进一步完善用户的上网体验，腾讯很快对 QQ 群这项服务又做了改进，并且在 2002 年年底的时候，发布了更新版本，在新版本的 QQ 群中，增加了留言本、BBS、相册等功能，让用户用起来更方便、更有趣。

由于马化腾在创业之前就是一名"网虫"，不仅十分了解当时的各种软件，还是 ICQ 的忠实用户，所以对于用户的感受，他总能把握得十分准确，当产品有了需要改进的地方时，也是他第一个发现。所有产品在进入市场之前，他总要亲自体验一下，看看好不好玩，用得顺不顺手，哪怕只有一个小小的细节不合适，也逃不过他的法眼，一定要把最完善的产品送到用户手中。对待产品的这种敏锐度，正是腾讯成功的重要条件。

尽管 QQ 群最初的建立是为了讨论游戏的战况，但是，在增加了相册、群空间、留言本等功能之后，QQ 群的趣味性和娱乐性大大增加了，它不再只是一个多人聊天的工具，在这里，大家可以分享自己喜欢的音乐、图片，可以在群空间里记录下生活的点滴。换句话说，研发出 QQ 群的服务，在技术上并不复杂，关键是这个创意非常重要。只要有了金点子，不愁没有用户喜欢。

互联网的发展离不开娱乐性。不管是网络游戏、QQ 宠物，还是电影音乐以及电子杂志之类的产品，都是供用户消遣娱乐的。如果互联网的内

第三章
娱乐至上，玩出来的生产力

容都是死板教条的陈规旧律，网民数量的增加一定不会像现在这么快。再有，互联网如果失去了娱乐性，和传统媒体相比，也就难以体现出它自身的优点。曾有一项报告显示出在互联网中，使用率最高的七类产品或者网络服务分别是：网络音乐、即时通信、网络电影、网络新闻、搜索引擎、网络游戏和电子邮件。从这七类来看，除了搜索引擎和电子邮件外，几乎没有一项不是以娱乐性为最大特点的。就连电子邮件这个实用性很强的工具，也常常有人用它来发贺卡、音乐等娱乐性质的内容。可见，在互联网当中，除非是那些专业技术人员，也包括了一小部分网民，是为了实用性才选择了这种媒体的，绝大多数的网民在上网冲浪时，都是为了获得娱乐性的享受。

互联网就像一个小社会，如果商家能够根据这一点，研发出具有互动创意的网络产品，一般来说，一定会迅速走红。因为这样，就相当于为广大的网民提供了一个在一起交流的娱乐平台。传统的电视、报纸等传播媒体，所接触的毕竟还是少数人，更何况，电视中那些明星广告的宣传，哪能比得上网络中人与人的互动有意思。全球知名的可口可乐公司，就曾和WWF的一个公益项目成功倡导了一次保护北极熊的活动。它们所凭借的，正是全球最大的网络社交媒体Facebook。为了能让更多的年轻人参与到这项公益事业中，它们专门推出了一个基于Facebook好友互丢雪球的手机应用，大家只要能够赢得比赛，就有机会赢取"北极携伴双人游"的门票。这个游戏很快便吸引了大量用户。另外，在这款手机应用中，还加入了引导性的指示，提示用户可以为这次的公益事业捐款。不出所料，依托网络产品的娱乐性，这次的公益事业办得非常成功，也让更多的人知道了这次活动。

可见，网络的娱乐性是必不可少的。除了能够帮助本行业中的企业得到发展之外，还能够推动传统行业的发展。互联网的娱乐性，是网络世界的基础，没有娱乐性，就没有今天的互联网行业。在今天，娱乐性已

· 059 ·

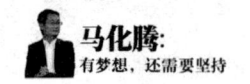

经从过去的附加条件渐渐地变成了产业发展的主要动力。所以，"引爆流行""按照娱乐业的模式来发展"等词语才会屡见不鲜。在传统的企业家看来，这也许有些不太严肃，但是，对于那些互联网行业中希望获得成功的网络商家，如果能够从娱乐的角度来思考企业的发展，然后挖掘商品内在的娱乐特性，也许也是个不错的选择。要知道，在任何一个阶段内，专业技术的发展是有局限性的，然而大众的娱乐性却是有无限的发展可能的。

进入互联网时代之后，消费者变得越来越"精明"，有人说，现在的顾客"不好伺候"了。那是因为进入了新媒体时代之后，大家可以在更短的时间内，搜索到更多的信息。互联网的发展，让用户有了更多的话语权。要想把自己的产品顺利推向市场，就要明白口碑传播的重要性。因为很多时候，身边人的推荐，会比广告和促销更管用。这就要求网络公司必须要研发出好产品，在认真细致中打造出自己的品牌。如果产品没有做好，就会使公司陷入经营危机当中，不仅会丢失大量用户，还会影响到企业自身的生存状况。可见，要想在互联网行业中干出一番事业，优秀的产品是基石，娱乐性的经营模式和推广模式是重中之重，二者缺一不可。要明白，任何时候，用户的上网体验都是第一位的，只有通过好的产品来满足用户的上网需求，才能够达到自己的目标，实现企业利益的最大化。

打造小 QQ 的休闲大品牌

在 2000 年 5 月的人民网上，出现了一则看似不太重要的新闻，那就是在 2000 年 5 月 27 日晚上 8 点 43 分，腾讯公司的 QQ 聊天软件的最高同时在线人数首次突破了 10 万大关。直到很多年后，当人们在回顾互联网行业的发展历程时，才会想到这则新闻的重要意义。

QQ，可以说是国内顶级的网上寻呼系统。尽管它的诞生经历了一些坎坷，但是却依然能够发展到现在，并且拥有了十亿多注册用户。这不得不说是我国网络软件事业发展中精彩的一笔。别看这只胖嘟嘟的企鹅身材十分矮小，它的爆发力却是十分惊人的。从在线的寥寥几个人，到同时在线人数突破 10 万，马化腾所选择的，就是让小软件向大品牌发展的道路。

为了能让 QQ 这款软件发展得更好，腾讯公司推出了许多相关软件，例如 QQ 群、QQ 宠物、QQ 秀、QQ 空间、QQ 音乐等等。这些相关软件的推出，和 QQ 形成了紧密的连接关系，当用户在和好友聊 QQ 时，可以很方便地使用 QQ 音乐来听歌。当用户加了一位新的 QQ 好友时，也可以进入对方的 QQ 空间里，来了解对方喜欢什么样的书籍和电影等。用户还可以装扮自己的 QQ 秀形象，同时也可以把好看的 QQ 秀送给自己的好友。总之，这种类似捆绑使用的经营模式，既能提高产品的知名度，也能够使产品的使用更加完善，从而为公司带来了经济效益。除了这种运营模式，腾讯还积极地与其他企业进行合作开发，以获得共赢。

就在中国移动推出飞信之后不久，腾讯也很快研发出了利用 IP 技术的手机 QQ。这比移动 QQ 和飞信 QQ 更方便，用户只要在手机上安装了 QQ 软件，就可以通过 GPRS 网络来和好友互动聊天，真正做到了不受时间、地域的限制。然而手机 QQ 的收费方式与飞信 QQ 不同的是，前者是按照流量计费，后者按照短信收费。但实际上，腾讯的关注点并不在 QQ 所产生的流量上，而是消费者通过 QQ 平台来使用的其他服务，比如说，游戏收入就在流量收入中占据了很大一部分。

任何一家网络公司，要想让公司在竞争激烈的市场中生存下来，就必须保证产品的质量和口碑。关于产品的质量自不必多说，但也要明白，良好的产品信誉度同样非常重要。没有消费者的认可，徒有好的产品也不能带领企业快速发展。而要获得良好的口碑，就一定要投入大量的人力、物力和财力来打造公司形象和产品品牌。树立良好的公司形象，就是在市场中为自己贴上了一个"信得过"的标签，这样，用户在选择产品时，才会

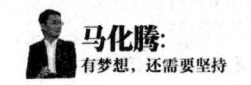

在第一时间想到自己。而想要让产品尽快地进入市场，获得消费者的认可和信任，就要采取多渠道的营销模式。

一方面，可以像腾讯这样，把一些相关的软件通过名字、功能等联系在一起，QQ、QQ宠物、QQ秀等，都是Q字打头，用户只要使用了其中一个软件，便很容易接触到其他产品。另一方面，还要在产品推广时突出中心。如果眉毛胡子一把抓，所有产品都是成绩平平，也就很难在产品和用户之间建立紧密的联系，失去了联系，公司也就谈不上长期持续地发展。只有找出发展的重点，主打产品的特色，才能够吸引消费者，为自己积累大量的支持者。再次，要明白合作的重要性。如果认为与别人合作是把自己的成果白白送给别人，那就大错特错了！与优秀商家建立良好的合作关系，不仅能够帮助自己打开市场、树立品牌，还能够学到很多促进公司快速发展的高招和秘诀。而在良好的合作中，合作双方的地位必将是平等的，同时双方又有一些独立的权力，不会让公司的运营在合作中受到牵制，甚至是威胁。好的合作关系，还要求合作双方有着共同的利益需求，这样，才能够共商共议，制定周密的合作计划。

腾讯能够把小QQ做成休闲娱乐的大品牌，就证明了它的经营模式有很多值得大家借鉴的地方。尽管企业的经营模式千变万化，捉摸不定，但是万变不离其宗，归根结底，一家网络公司想要获得发展，还是需要有优质的产品、贴心的服务。另外，对于用户的体验要能够时刻保持着敏锐度，并且还要对市场的各种变化做出快速的反应。这些，在传统行业中不可少，在互联网领域同样不能缺失。没有这些，要想把一个不为人知的小软件，发展成为国内互联网领域的大品牌，几乎是不可能完成的。

从OICQ到QQ，马化腾带领着腾讯团队一步一个脚印地走到了今天。相信在崇尚开放与共享的新媒体领域里，只要用心经营、用心学习，中国一定会涌现出更多更成功的网络产品和行业新星。

第四章

微社交，产品不大威力不小

进入互联网时代之后，不论是小型创业团队，还是互联网大亨，都希望能够在互联网这块大蛋糕上分得一块。腾讯的微信一经推出，就引来了大家的关注。但是，眼光长远的马化腾并没有停步不前，而是继续集中精力来进一步拓宽自己的市场占有率。

微信摇一摇，打造微社交

在 2011 年的 1 月 21 日，腾讯推出了一款新的即时通信软件——微信。和 QQ 相比，微信的功能更多，使用起来也更加方便。这款即时通信软件的基本功能有：可以给好友发送文字或者语音短信、图片及视频等；还具有和 QQ 群一样的多人同时聊天功能；而且当用户想自己建立一个群组时，不像 QQ 那样受到用户等级的限制。除了产品本身的优点之外，腾讯还采用了大范围宣传、多渠道推广的办法，在腾讯网站、QQ、QQ 邮箱等公司其他产品上，都出现了微信的宣传广告。凭借着 7 亿多的 QQ 注册用户，微信很快便聚集了很高的人气，成功进入了市场。

到 2012 年 3 月的时候，马化腾对外宣布，虽然微信推出的时间并不长，但用户的人数已经突破了一亿大关，这比当初 QQ 的发展要迅猛得多。没过多久，到 2012 年年底，微信的用户人数再一次大幅度提高，又突破了三亿大关。而这款新产品这样受欢迎的原因，就在于它强大的互动功能，满足了人们社交的需求。

除了 QQ 类似的一些基本功能外，微信里还有公众平台、朋友圈以及消息推送等功能。只要用户关注了公众平台，微信就能够自动接收公众平台上发来的消息。而朋友圈和 QQ 空间有点类似，用户可以把自己喜欢的文章、音乐、视频、照片等发送放到朋友圈里，也可以看到好友的朋友圈内容，并进行评论互动。除此之外，微信中还有"摇一摇"、扫二维码等新奇有创意的功能，只要打开"摇一摇"功能，轻轻晃动手机，就可添加好友，或者找到同时在玩"摇一摇"的人。这种独具一格的加好友方式，深受用户的追捧和喜爱。于是，有人称：在微信出现之后，它已经不是简简单单的一个通信软件，而是变成了现代人的一种生活方式。轻松"摇一摇"，就可以找到附近的人，或者是距离千里之外的微信用户，大大缩短了人与人之间的距离。这种全新的社交方式，被称为"微社交"。

所谓的"微社交"，也就是说少数人在特定的场所或领域内进行的社交活动，这种社交活动和传统的社会交往一样，也有参加者、地点、活动主题等组成部分。但与传统的社交活动不同的是，微社交包含了问答和交友的主要功能。不论是微博、微信，还是全球最大的社交平台Facebook，都是在打造微社交的网络社会。这些软件符合了社会的发展趋势，也带领着互联网向纵深化、具体化发展。

2013年12月，腾讯在北京举行了年度"微盛典"，并以"天下万象，无微不至"为主题。这场盛典不仅促进了中国互联网企业的相互交流和学习，还进一步扩大了微社交的影响力，让微社交又一次成为大家的关注点。微博、微信的出现，让人类的交流方式又一次得到了进化。从远古时代的钻木取火，到古代社会的书信来往，再发展到电话、电报及电脑的电子通信时代，直到现在的微社交这种动态的及时的网络互动，都表明了只有能够满足人与人交往的产品，才能够得到市场的认可和用户的欢迎。而从古代到今天，社会变迁的同时也是社会交往方式的进化。

微社交的用途，除了能够改变信息分享方式，还能够辅助社会其他领域的发展，其中，最为突出的，就是社会公益事业了。在此以前，由于信息的传播速度太慢，范围太窄，所以很多问题得不到及时地解决。在微社交出现后，成千上万的网民因为一个网络软件平台而联系到了一起。当一些社会问题出现时，大家也能够更及时、更高效地组织起来，将问题解决掉。或者用转发评论等互动方式，让事情得到进一步的扩散，在短时间内让更多的人了解到事情的发展情况。

尽管微信在一两年之内就产生了这么大的影响力，但是腾讯公司并没有停下发展的脚步。在2013年1月微信用户突破三亿之后，腾讯马上又推出了微信的新版本，并在2014年的1月又推出了微信的5.2版本。在新

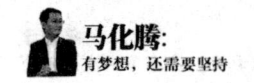

版本中，功能更加强大，同时界面也焕然一新。

在互联网行业中，谁能即时推出新产品、占据较高的市场份额，谁就能在竞争中生存下来。而要想用产品开启互联网市场的大门，不仅要了解网民的上网需求，更要对社会的发展趋势有着清醒的认识。

在网络的推动下，微社交已经遍及普通人生活的方方面面，改变了大家的生活方式。现在，当我们想要和远方的朋友聊聊天的时候，不必再数着书信到达的日期，只要打开微信，就能马上和朋友进行语音聊天。在腾讯新发布的微视软件中，还可以录制自己的视频，发送给好友。这样不仅节约了时间，还增加了聊天的趣味性，彻底打破了时间和空间对于社交活动的限制。任何一个普通网友，可能同时拥有QQ、微博、微信、微视等多个社交账号，由于好友关系亲疏的不同，在这几个不同的平台上，所接受的消息也各有侧重。而微社交，就能够超越不同社交软件的限制，找到其中的信息结合点，帮助大家进入到一个共同的网络关系链中，使社会交往变得更加简单有效。

如果没有微社交，2013年的"光盘"行动、免费顺风车以及"沉默的声音"这三项公益活动，就不会有那么大的社会影响力。仅仅是"大爱清尘"这一个活动，就在腾讯的微博上获得了超过600万的农民工支持。可见，互联网的影响力是不可估量的。但是，我们可以沿着互联网发展的道路，来让产品和服务走上正轨。

除了社交软件，微信还有另一个身份，那就是在逐渐成为一个商业交易平台。用户可以通过微信支付功能来给手机充话费，购买彩票、电影票以及Q币充值等。这种集聊天、互动、交友和交易为一体的多元化软件，走红是必然的结果。互联网的发展，就是要求人们开始从多个不同的角度来看待产品、思考问题。如果还像过去那样单一地、死板地进行研究，必然会被社会的发展所淘汰。今天，不论是QQ、微博还是微信，都不再仅仅具有一种功能，"小而精"正在变成用户对产品的要求，而要做到这一点，就需要研发者有好的创意和优秀的设计。毕竟，只有满足用户的潜在需求，产品才能顺利推广出去。另一方面，网络产品的推广方式也在发生着变化，从过去的登报和电视广告，正在一步步变成了网络营销。互联网，在改变社会生产方式的同时，确实也对人们的生活产生了前所未有的影响力。

三巨头联姻力挺"微信电视"

微信的出现，让人们的社交方式和生活方式又一次发生了巨大的变化。但是，微信前进的脚步却从来没有停止。在微信出现了银行卡支付的功能之后，又一次创造出了新产品——微信电视。

2013年的12月23日，微信电视在北京第一次显示出了"庐山真面目"。实际上，微信电视是由未来电视、创维和腾讯三家知名的网络公司和电子产品公司联手打造的。它是一款个人娱乐的智能终端，不仅操作简单，还具有支付的功能。它是和手机微信绑定在一起的，用户打开电视后，只要登录手机微信，并扫描电视屏幕上的二维码，就可以马上接收到中国互联网电视卫星服务号发来的节目单，并选择观看节目。

此外，微信电视还可以购买视频。只要将微信和自己的任何一张银行卡绑定在一起，输入支付密码，就可以收看自己购买的节目了。更为方便的是，如果家中只有老人和小孩，用户不在家中也可以帮助他们购买节目，既省时省力，还能够满足家人的观看需求。搜索功能也让微信电视的使用更加便利，用户登录到手机微信后，可以对着手机说出自己想看的节目，马上就会收到微信平台的回应信息，还可以直接进行播放。根据业内人士的分析，在不久的未来，微信电视还会在现有的基础上，向前迈出一大步。例如节目分享、UGC内容运营等功能都会从设想变为现实，而这种新型电视，必将会对现在已有的普通电子电视、网络电视造成不小的冲击。

自从 20 世纪 90 年代中国互联网行业起步以来，我们已经看到很多互联网企业在寻找跨界发展的机会。像手机、网络终端产品的开发，都有互联网企业的参与。但是，像电视这种电子产品，由网络企业合作推出还是很少见的。可见，互联网的发展速度是越来越快了。之前的智能电视——乐视超级电视，已经标志了互联网的发展已对电视领域产生了影响，这次的微信电视，在乐视电视的基础上又有了进一步的提高。看来，互联网大举进军电视产业的日子已经到来了。

微信电视之所以能够大受关注，就是因为它的诞生不仅对互联网电视行业的应用模式有了新的开创，而且为我国付费电视的发展提供了新的机会。可以说，微信电视，是中国互联网电视发展中的一个重要里程碑。它预示着，未来我国互联网电视的发展，一定会朝着更强的互动性、更好的观看体验以及更便捷的分享功能和支付功能等方向发展。对于传统电视产业来说，这确实对自己构成了一定的威胁。当大屏互联网悄悄席卷全球的时候，相信传统电视产业的发展之路会更难走。

要想在风云莫测的互联网行业中占得先机，就要善于从传统商品中发现机遇。一味地追求财富，可能会让利益蒙蔽了自己的双眼。而没有远见、看不清未来发展方向的网络企业，必将会被社会所淘汰。如果是一家刚刚起步的小公司，资金、技术和人力都无法与大公司抗衡，那么就要明白，开放合作是重中之重。因为随着互联网的发展，用户的潜在需求在不断多元化的同时，对于网络产品和服务的要求也变得越来越高。要想满足用户这种多元化的需求、高标准的要求，网络企业单打独斗是绝对做不到的。互联网从产生之初到现在，有一个非常显著的特点，那就是开放分享。这不仅是对互联网的要求，更是对互联网企业的要求。因为，只有满足了用户的需要，才能够被用户记住，才能一步步积累起固定用户和市场

第四章
微社交，产品不大威力不小

份额。无论是苹果公司，还是全球最大的社交平台Facebook，都证明了只有懂得合作，才能保住更多的用户。所以它们会选择让更多更好的网络应用服务商和自己的产品进行捆绑，以满足用户各种不同的需求。

微信电视的诞生，也是互联网企业相互合作的结果。如果没有开放的经营理念和心态，只靠着自主开发新产品来获得成功，除非是有着非常强大的经济实力和市场掌控力，否则基本不可能同时满足用户的多元化、个性化的上网需求。有人曾这样分析：互联网之所以要走向开放合作，是因为用户的多元化需求和企业资源的有限性之间存在着矛盾。每一家互联网企业都想成为用户上网时的"第一入口"，把所有的用户都吸引到自己的产品上来。但是，单枪匹马的努力是办不成大事的，而且，任何一家网络公司，都不可能为用户提供所有的网络产品和服务。这就需要大家一起想办法，进行资源的优化整合，这样才能把最好的产品送到用户面前，企业也才能够实现共赢。马化腾也曾说过，"互联网的应用产品，一定要性能好，充满趣味性，这样用户才愿意接受这款产品，甚至付费体验，而公司也才能获得收益。"

在互联网领域中，虽然存在着许多传统产业不具备的特点，例如互动性、娱乐性等，但是，有一点，互联网行业与传统行业是相同的，那就是合作的重要性。除了互联网企业之间进行合作，互联网企业还要和一些传统产业进行合作。这样做，除了是为了更好地满足用户的需求之外，还有两个重要的原因。其一，是因为网络公司的收入来源有限，主要是广告和流量，没有坚实的资金做基础，互联网企业的发展就会十分缓慢。所以，它们必须要向外寻找合作伙伴。而传统行业中藏着很多待开发的商机，又因为受到互联网发展的冲击，希望能够迅速摆脱困境。这样合作的意愿就很容易达成了。其二，现在三网融合的趋势已经越来越明显，不论是手机还是电视、电话，都和网络联系得越来越紧。而作为互联网企业的领导者，如果能够看到这一点，也就应该明白，互联网行业跨界合作的时机已经到来，企业必须抓住机遇，迎接挑战。

从超级电视到微信电视，从网络电话到网络终端，互联网企业跨界合作已经不再是个别案例，而是转变为一种趋势，一个新的发展方向。不论是什么样的合作，最终的目的还是获得更多的用户，并且为自己带来收益，看清楚这一点，才不会在互联网大潮中呛了水、翻了船。

智慧家电，微信空调横空出世

提到微信，很多人会想到"摇一摇"、银行卡支付等功能。但是，将微信和空调联系在一起，一定会让很多人觉得匪夷所思。2013 年 11 月 18 日，微信空调亮相于广州，这是全球第一个利用微信技术来对家电进行操控的产品，所以，一经推出便吸引了大家的注意。

微信空调，是腾讯和海尔合作研发的新产品，取名为海尔天樽空调。这款空调的独特之处就在于，用户只要登录手机微信，并关注"海尔智能空调"的微信公众号，就可以把自己的微信和智能空调绑定在一起，利用微信来调节空调的温度、湿度、除甲醛、睡眠曲线等情况，还可以查看家电的用电情况，使用起来非常方便。用户甚至可以通过语音、文字等对空调进行 24 小时的实时监控。这样，当人们回到家时，就能够享受舒适的生活了。

这是继微信电视之后，腾讯公司又一次与传统产业进行了成功的合作。据腾讯的相关负责人说，虽然互联网行业对传统行业造成了冲击，但是传统行业仍然存在无比强大的力量，这些都是互联网企业发展的机遇。只要能够把握住良好的合作机会，就不难取得成功。的确，互联网的发展产生了许多新产品，但是传统行业有着扎实的产业基础，对于市场有着更深层次的把握。微信作为一个新的社交平台，正在不断改进中衍生出无限

第四章
微社交，产品不大威力不小

的可能。

现在微信用户人数早已突破了三亿大关，微信公众账号也超过200万个，并且，还有越来越多的人正在加入微信这个大组织当中。当人们打开手机时，都会登录一下自己的微信，看看朋友圈里有了什么新动态，看看今天的公众账号发送了哪些新消息，有时间了，还会和朋友语音聊上几句。手机对于他们来说，是必不可少的。如果能够用手机来控制家电，一方面能够减少大家到处找遥控器的时间，另一方面，用户对家电的使用体验也能够得到一定程度的提升。这既符合了社会发展的趋势，也符合了用户的使用习惯。有专家分析，互联网的发展方向，是让所有产品都向着用户的日常生活习惯靠拢，体现了用户对于产品发展的决定性作用。而用社交工具来控制家电，不仅仅是现阶段的新尝试，更会变成未来产品创新的重要方向。在今天，智能手机的普及率已经高达90%，在这种情况下，推出利用微信控制空调的新型家电使用方式，无疑是为广大的互联网用户带来了一次家电使用大解放。

这种互联网企业和传统家电企业的合作，标志着在互联网迅速发展的今天，任何一家网络公司，都不可能凭借一己之力取得长期的进步和成功。自己研发、自己推广的经营模式早已被社会所淘汰，开放、分享与合作，才是当今互联网发展的主流趋势。但这并不是说，互联网企业随便找一家传统产业进行合作就能成功。对于合作伙伴的选择，也是非常重要的。腾讯之所以在研发微信空调时，选择与海尔公司合作，就是因为二者都看到了用户的使用习惯正在发生着改变，并因此受到了启发。

实际上，智能家电在很早之前就产生了。所谓的智能家电，也就是指将微处理器和计算机技术引入到传统家电设备后，所形成的新的家电产品。与传统家电相比，智能家电具有网络化功能、开放性、兼容性、节能化、智能化、易用性等优点。但是，从互联网企业的发展角度来看，要想

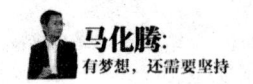

继续推出更多更好的智能家电产品,离不开传统家电产业的推动作用。虽然互联网的发展速度非常快,但是相比之下,传统家电产业的市场根基更深,无论是在产品、服务还是销售渠道,都已经发展得十分成熟。而智能家电的发展模式,一般都是内容、平台、数据的结合,如果没有实实在在的产品保证,一切都只能是一纸空文。反过来说,虽然智能电器的起步较晚,但由于有着强大的技术支持,所以很容易得到大众的青睐。不得不承认,传统的家电产品,正在一步一步地退出市场。所以,传统产业要想发展,就必须在技术上有所创新,对互联网用户的需求有一定的了解。而这些,都是新兴的互联网企业的强项。因此,只有将二者有机地结合在一起,才能够加快智能家电的推广,同时保证了传统家电产业的生存。

当智能电视、智能冰箱推出后,用户们已经有了积极的反应。微信空调,就像一颗重磅炸弹一样,再一次让整个互联网市场为之一震。利用手机控制家电,既方便又好玩,完全符合了现代人对于家电使用的习惯。更有用户这样猜测:在不久的未来,所有的家用电器都能用手机来操控。到那个时候,就不需要一大堆的遥控器了,只要拿起手机就能轻松搞定,真正实现"一机在手,家电无忧"的设想。尽管到目前为止,这样的设想还没有转化为现实,但是在科技的推动下,一定会出现越来越多的家电产品,它们不仅具有传统家电的一切优点,还增添了许多新的功能。例如,包括电话、网络和远程控制在内的通信功能,可以自动控制加热时间,调节湿度的智能控制功能,通过语音识别技术所完成的家电声控功能,还有安防控制功能、健康医疗功能等多方面功能。

如果用传统家电和智能家电来打个比方,那么传统家电就好比是一棵参天大树的根基,而智能家电则是一棵正在茁壮成长的嫩芽。根基在不断老去,必须有嫩芽来继承;而嫩芽想要获得更好的成长,就必须依靠根基的滋养。二者相辅相成,缺一不可。互联网企业在和传统家电产业合作时，必须要处理好合作与竞争的关系。好的合作能够给双方带来利益，而良性的竞争，也能够帮助企业在前进中不断完善自我，对产品进行改进。反之，不平等的合作关系、恶性竞争，都是有百害而无一利，不仅不能为自己带来收获，还会干扰市场秩序，最终破坏了自己发展的大环境，结果更加糟糕。

在互联网刚刚萌芽的阶段，相信没有人会料想到今天的发展状况。在智能家电层出不穷的今天，有很多在最初看起来是痴人说梦的想法，最后变为了现实。互联网，正在一点一滴地改变着大家的思维方式、社交方式和生活方式。互联网企业要想在家电领域占有一席之地，仅靠自己的创意和技术还不够，还必须学会和传统的家电产业进行合作。只有建立良好的伙伴关系，才能实现资源最大化、产品最优化、利益最大化。而传统家电要想保存自己的竞争实力，也必须迅速作出调整，从发展方向、产品技术以及推广模式等各个方面进行自我提升。要实现这一目标，与互联网企业的合作也是一个非常不错的选择。所以，不管是从哪个角度来看待问题，传统家电和互联网企业的合作都是大势所趋。这不仅仅是行业内部的选择，也是社会优胜劣汰的结果。智能家电的产生，离不开充满智慧的创意与健康良好的合作关系，失去了这两点，一切设想都将变成一纸空文。

微信 PK 微博，谁是真正赢家？

似乎是在一夜之间，电视上、网络上，甚至身边的朋友都开始谈论一个词——"织围脖"。微博的出现，让本来已经风起云涌的互联网领域又一次出现了大震动。不管是新浪、搜狐，还是腾讯、网易，各大网络企业都开始推出自己的微博产品。发一条微博，晒晒自己的生活，正在逐渐变成一种时尚的生活方式。不管是在逛街、上课，还是在吃饭、工作，随手发条微博，既能和别人分享自己的生活乐趣，还能够看到别人好玩的生活。最明显的一点，就是当大家聚餐时，菜端上来先拍照发到自己的微博上，几乎已经变成年轻人的习惯。

没想到在短短一两年之内，微博已经渗透到社会各个方面。普通网民用它来分享生活，企业公司用它来做宣传，社会名流用它来谈论社会问题。大家可以在微博上发表140字以内的文字，还可以上传图片和视频，另外微博同样具有转发、评论和点赞的功能。微博，确实在不知不觉中改变着我们的生活。

但是很快地，微博这种一家独大的现象就被打破了，微信的出现，有点像"半路杀出个程咬金"，人们已经从低着头编辑文字，变为对着手机一句一句地讲话，手机瞬间变成了对讲机。这种新玩法，不仅省去了打字的麻烦，还让朋友间的互动得到了更好的体验。在不断的发展中，微信的功能也在一点一点地增加，从朋友圈到微信关注，从微信支付到微信智能电视，微信的力量变得越来越强，成为微博最有力的竞争对手。

如果将微博和微信二者相比较，我们可以看出它们在很多细节上还是不同的。而最大的区别，就是"精细准确"这四个字。在微博中，大家可以关注明星、知名学者、同学等等，这样当博主发出一条微博时，粉丝就可以看到这条新内容了。但是，随着越来越多的人活跃在微博上，每个用户的关注人数也会越来越多，少则几十，多则几百，这样就不可能看到同时间内所有人的微博，系统只能随机地发送。而微信就不同了，只要关注了微信的公众平台账号，一有新消息发出，所有的关注者都会接收到。试想一下，当你饥肠辘辘，正为去哪享受美食而发愁时，突然接收到一条新微信消息，告诉你附近有哪些饭馆正有优惠活动，你一定会感到非常惊喜吧。再如，当你关注了某个服装品牌的微信公众账号时，突然弹出消息框，告诉你有一家专卖店正在打折销售，是不是瞬间觉得很贴心呢？

在微博上，普通用户之间是不需要互相加为好友的，互动方式属于一对多，更为开放公开，当社会问题或者新闻放到微博上时，就一定能在短时间内吸引大家的关注，信息会很快地传播扩散出去。而微信则是相对封闭的，想要互动就必须加为好友，关系是一对一的，而当用户把文字、图片和视频等内容分享到微信上时，只有自己的好友才能看到内容。所以，微信所进行的，实际上是一种内部的交流，而非对外的扩散。

除此之外，微博和微信还有一点不同，那就是：微博互动的双方在时间上并不处于对等的关系，等你看到新的微博消息时，也许距离它发出时已经有了一段时间了。而微信则是同步沟通，要想和朋友在微信里聊天，双方就必须同时微信在线。这种不同也使得微博和微信在一些功能和内容上有所差别。

在微信产生之后，有很多人在问：未来互联网领域中，微信是不是会代替微博，成为中国最大的互联网互动平台？虽然现在这二者都还处于发展的上升阶段，但是业内外人士对微信的发展前景都非常看好。因为微信可以用自己的QQ号直接登录，而不用注册自己的新账号，这就促进了微信能够更快地推广出去。

随着微博的发展，一种弄虚作假的行为悄然出现，那就是"买粉丝"。有很多人为了达到自己的推广目的，会掏钱为自己购买大量假的粉丝，又被叫作"僵尸粉"。这种行为，一方面影响了自己的声誉，同时还扰乱了微博的正常健康发展。而微信则不同，至少到目前为止，微信上的用户都是真实的、有价值的，这就能够为它的继续发展提供用户质量的保证。

当微博PK微信时，谁能够获胜，主要取决于产品的发展前景和不断改进的细节之处。自从2011年微信进入互联网市场之后，腾讯从来没有停止改进的速度，在产品的完善中，一方面注重功能的多元化开发，如增加了更多的微信游戏和银行卡支付功能，另一方面也注重用户信息的保护，保证用户真实安全的互动交流。同样作为互联网的互动交流平台，微博和微信可以说是各有特点。但是要想在互联网的激烈竞争中生存下来，就一定要对于用户的产品需求有着清楚准确的认识，从文字到语音，可以说是微信领先微博的一大步。而微信朋友圈、关注公众账号等基本功能，又和微博等产品基本类似。这种研发新产品的办法可以称作"微创新"，即在已有产品的基础上通过亲身的体验来找出优势和不足，从QQ开始，马化腾就一直在追求这种微创新的成功。微信同样是在各种互动平台的基础上加入了新鲜的创意产生的，通过综合各种好玩实用的功能，使这款产品达到了"麻雀虽小，五脏俱全"的程度。因此，在让人眼花缭乱的互联网产品中，微信才能脱颖而出，引领潮流。

微博和微信的竞争，不仅仅是两款互联网产品的竞争。在它们的背后，是用户意识、研发创意和经营模式的竞争，这三个方面，是任何一个成功的互联网应用所不可缺少的。没有用户意识，不能从用户的角度来看待产品，都很难找到产品未来的发展方向，同时也很难通过完善产品来提高用户满意度；如果缺少研发创意，就只能照搬照抄别人的东西，既不能为自己打出品牌，赢得用户的信任，还可能因为抄袭给自己带来更大的麻烦。只有会学习，有批评意识，才能在繁多复杂的产品中找到适合自己的产品。当同时具备了用户意识和创新思维时，新产品的诞生就会变得很容易。但是，如何推广出去，让更多的人了解这款产品同样是一个大问题。要学会在已有的用户基础上，让新产品变成老顾客的自然选择，就要学会将新老产品紧密地结合起来。像微信这样，利用QQ号就可以直接使用的办法，想不受用户欢迎都难。所以，网络企业的发展，最终靠的不是产品的量，而是产品的质，一款好的产品往往能比得上十个毫无特点的"大众款"，明白了这一点，距离成功也就更近了。

认证收费，腾讯打的是什么主意

就在微信推出两年之后，用户突破三亿时，腾讯开始启动了一项新的业务——认证收费。2013年10月29日，腾讯对外宣布：在新版微信推出的时候，要对平台进行开放公测，认证体系也要全面更改。除去过去的公众号，还支持服务号进行微信认证，但是要缴纳每年300元的认证费用。

这次的认证收费，不禁让人想到许多年前的QQ号注册收费风波，但是与其不同的是，这次微信的认证不是为了在短时间内获得利益，而是为它未来的发展做好铺垫。腾讯公司在对外的声明中提到，在新版本的微信中，为了确保所接入的服务号都是合法的，腾讯公司专门引入了第三方的认证机构来对其进行认证。这些第三方机构，即工商局等部门会按照实际情况，来对这些企业机构的合法性进行检验，并联系企业机构的负责人确认申请认证的真实性。每年300元的认证费就是这些第三方的认证机构所收取的，而并非进入到腾讯自己的腰包里。

当然，这次的收费认证对于企业等机构来说，完全是自愿行为，并非微信的强制要求。但是，那些没有经过认证的订阅号和服务号，就无法享受相应的自定义菜单功能。而通过认证后，就可以获得认证的标志，同时获得高级接口，其中包括有客服接口、网页授权、语音识别等特殊功能，这样，经认证的订阅号和服务号就具有将语音自动转化为文字的功能，在与用户对话时还能够获得用户的地理位置、邮箱、昵称和地区等基本信息。另外，新版本的微信中，还增添了开发者的问答系统，这为订阅号和用户之间搭起了一个互动交流的平台，有利于企业等机构更好地宣传自己，同时为用户提供更好的服务。

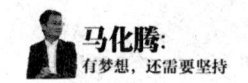

有分析人士认为，这次的认证收费的背后，实际上是为微信支付打好基础。在新版本的微信中，用户已经可以将微信和自己的任何一张银行卡绑定在一起，在网上购买电影票、彩票以及其他商品，还可以为手机充话费、充Q币，做一些公益事业等等。要让这项功能完全取得用户的信任，安全的支付环境是必不可少的。相信没有人会在不知道安全与否的情况下，将自己的钱随便花出去。所以，为了能让微信支付成为国内又一大交易平台，必须对所有的公众号、企业等机构进行实际认证。

由于之前很多用户都反映自己的微信号有被盗的问题，所以当微信推出银行卡支付功能后，并没有马上取得大家的信任。很多人担心如果将自己的银行卡和微信绑定，那么当自己微信号被盗时，自己的银行卡信息也就同时泄露给对方了，难免会遭受损失。但是，在腾讯看来，凭借着自己的安全防护和客户服务，微信的支付环境是安全可靠的。首先，微信有技术保障，通过强大的数据支持和云计算，就能够在用户将要支付时，判定此行为是否存在安全风险；另外，微信还开通了7×24小时的网络客服，一旦用户在支付时发生问题，能够及时地为用户解决；由于在智能手机上一般都会安装一些安全监控软件，这样微信支付就可以与这些软件联合起来，一起保证支付的环境安全。如果发生问题，微信可以立即封锁硬件、验证支付密码甚至冻结交易，以此来对用户负责，同时还可以提供技术和数据的支持，帮助用户及时获得赔偿。

尽管微信具有这么多的安全保障，但是要想在国内互联网市场上打出品牌，还需要面对一个强大的竞争对手——支付宝。它几乎是目前国内最大的网络交易平台。除了在天猫和淘宝网站上的网购支付，支付宝还扩大了自己的应用范围。不论是银行转账、公用事业付费，还是信用卡还款等交易，都随处可见支付宝的身影。经过几年的发展，支付宝和用户之间的联系越来越紧密，几乎成为人们在进行网络交易时的第一选择。就在这时，腾讯进军了网络交易市场，从最开始的拍拍购物网站，到现在的微信支付渠道，腾讯所需要不断改进的主要是网购的环境安全。

互联网发展到今天，疯狂抢用户早已不是头等大事。对于那些知名的互联网企业来说，用户数量早已不是困扰企业发展的难题。因为越来越多的优秀的互联网公司涌现出来，而随着互联网的普及，中国网民所占总体人数的比例也越来越高。在2013年年底的时候，中国的网民数量就已经突破了6亿大关，手机网民也超过了4亿人。在这种情况下，要想发展起自己的网络交易平台，安全性已经跃居第一位，这是每一位网络商家都应该认真考虑的问题。而微信认证收费的行为，恰恰说明了这一问题的重要性。正所谓"醉翁之意不在酒，在乎网购安全也"。腾讯的认证收费绝不会是目光短浅的表现，想要从这里来赚上一笔。因为互联网企业要想得到长久的发展，必须为用户提供更全面、更优质的服务才行。并且随着网购行为的普及，互联网交易已经成为商家们竞争的一块重地。

如何让用户放心地绑定银行卡，才是腾讯目前最需要解决的难题。今天，各种移动支付层出不穷，要想不被淘汰，就必须在短时间内让自己发展起来，赢得用户的信任与支持。而要做到这一点，首先就要保证企业商家等机构的合法资格。除此之外，支付渠道的安全畅通是用户最为关心的，钱从银行卡中打出去之后，是不是顺利支付给了商家，产品有没有及时送达，这些都关系到交易平台的知名度和信誉度，这一点做不好，就无法在互联网交易的竞争中生存下来。最后，如果发生了问题，是否能够在第一时间里进行咨询和投诉，并且及时获得赔偿，这也是交易平台的研发者和负责人不得不考虑的事情。保证了这三点的安全性与及时性，才能成为一个值得用户信任的交易平台。

目前，在我国的一二线城市中，移动支付和网络支付都已经得到了大面积的普及，特别是年轻一代，他们已经开始习惯于利用电脑和手机来购买商品，进行消费。但是在三四线城市，以及一些信息化发展程度不高的

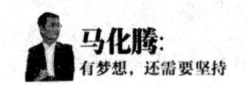

地区，网络支付还没有得到有效的覆盖。尽管人们也在使用智能手机，也会使用微信等应用软件，但大多数用户对于用手机进行支付的安全性还心有疑虑。这既是中国互联网发展的一个不平衡性的表现，同时也为互联网企业提供了一个商机。要知道，在网购普及率较高的城市中，各种支付应用软件及支付平台不断涌现出来，要想在这场战役中取得胜利可谓是难上加难。但是，互联网企业只要善于发现机会并及时地抓住，在这些网络交易发展程度较低的地区占领先机，将自己的产品推广出去，就一定能够在激烈的市场竞争中，为自己赢得一席之地。

产品不用大，关键是"精"

很多人都说，微信的成功，是不可复制的。它的出现，真正体现了互联网产品的用户理念和人性化设计，做到了"麻雀虽小，五脏俱全"，产品不大，功能不少。而且在一个又一个新版本的推出后，微信并没有因为增加了许多新功能而变得臃肿，反而比之前的更简洁、更精细。

真正决定一款产品是否好用的，是用户。所以，只要能够让用户认为这是一款简单的软件就可以了。这不仅仅是专业技术，更是由用户体验和用户意识所决定的。只有全面考虑产品的发展，并在原来的基础上不断地改进，才能够把复杂转化为简单。

从微信的各种不同版本来比较，任何一款都具有很多功能。除去基本的语音聊天、公众号关注、朋友圈、摇一摇、记事本和漂流瓶等，在各种不同版本的微信中，还有许多新的功能。如在安卓 5.2 版本中，就增加了"我的银行卡"的功能，可以通过绑定银行卡来购买商品。还有"图片墙"的功能，点开之后，就可以对聊天中的所有图片进行快速浏览。如果在群聊时，自己被别人提到，还会出现 @提醒，更有趣的是，只要长按语音消息，系统还会将其转化为文字，非常实用。在 2014 年的 1 月 16 日，腾讯还推出了微信电脑插件版本，这是由 QQ 浏览器和微信联手打造的新版本。在进入微信的官网之后，用户可以通过扫描电脑屏幕上的二维码，登录到微信的网页版。不仅能够收到新消息的及时提醒，还能够同时和多人进行聊天，另外也可以利用它来传输文件，使用起来非常方便。

微信的"精"，不是在功能上做减法，恰恰相反的是，微信在一步步的发展中，功能越来越多，让用户感觉到越来越好玩。这其中，对于用户潜在需求的准确把握是关键的一点。只有摸透用户的心理，才知道用哪种方式去吸引他们最有效。尽管市场上有着成千上万种互联网产品，但是最终决定它们命运的只有一个条件，那就是好不好玩，操作是否简单。那些成功的产品并不会在一开始就有很多复杂的规则，因为这样既会捆绑住用户的体验，也会阻碍今后的发展。而那些能够获得长久发展的产品，大多是非常简洁的，例如 Twitter，规则简单到甚至会让人轻视它。但实际上，这样的产品才是符合互联网的发展趋势的。网络的出现，除了娱乐性这一大特点之外，还有就是实用性。只有能够用简单的办法来满足用户需求的产品，才是好产品，才能够在互联网行业中扎稳脚跟。

用户的需求是和对产品的体验紧密结合在一起的。所谓的产品体验，简单地说，就是要好玩。在微信迅速席卷互联网市场后，几乎没有会说使用微信是因为它省钱，或者说联系起来更方便。很多人的感受都只是，这款产品很好玩，能够满足自己对休闲娱乐的要求。这也许有点出人意料，但是，从市场的发展趋势来看，这又是再正常不过的。如果研发者只站在自己的角度来看待产品，一味地让用户了解通讯问题，即使是大声地对用户说明自己是怎样突破这些技术难题的，估计产品也不好推广出去。

举个例子，在微信中，有一个人气很高的功能，那就是"摇一摇"。自从这个功能出现以来，几乎每天都有上千万，甚至是过亿的使用次数。

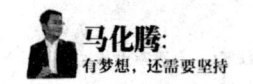

实际上，对于男性来说，利用"摇一摇"功能来成功结识女孩子的概率是非常低的。但这并不妨碍他们每天拿着手机使劲地晃来晃去。这就和功能本身的特点有关了。"摇一摇"使用起来非常简单，只需要登录微信，然后打开"摇一摇"，轻轻晃动手机，就能够找到同时在玩"摇一摇"的用户，并且可以直接向对方打招呼，向对方发出加好友的请求。也正是因为它的简单，才让用户接受起来很容易。而"摇一摇"本身的娱乐性，又保证了它的长期存在，也许在将来，会有更好玩更简单的功能来代替它，但是在目前，"摇一摇"仍然是微信中最受欢迎的功能之一。

对于那些互联网企业来说，技术高超的产品并不代表着较高的人气，只有那些满足了用户需求的设计，才能够得到大家的认可，即使这些产品并没有突破多少技术性质的难题。就像QQ邮箱中有一个"漂流瓶"的功能，曾经也是风靡一时，引爆互联网市场。开发出这个功能，对于专业的产品研发人员来说，并不是多么困难的问题。关键在于，这个产品的创意，能不能满足用户的需求，让用户觉得既简单又好玩。在这个小游戏中，有同城瓶、提问瓶、真话瓶、发泄瓶、传递瓶和祝愿瓶等各种不同的漂流瓶，只需通过捞瓶子、扔瓶子以及回复瓶子内容等几个简单的动作，就可以体验到游戏的乐趣。很快，"漂流瓶"就成了大家热议的话题。打开QQ邮箱之后，除了查看一下邮件的收发情况外，大部分人都会点开漂流瓶玩一会，或者写好自己的漂流瓶扔出去，看看会收到什么样的回复内容。紧接着，腾讯又对漂流瓶的玩法进行了升级，通过划分用户等级，来满足更多用户的潜在需求，使这个功能受到了更多人的欢迎和支持。

所以说，在未来互联网领域中，谁能够把握住用户需求，谁就能占据市场的先机。如果不能对用户的体验心理做出控制性的引导，即使技术再高超，产品再实用，也难以在短时间内吸引人们的眼球，打响产品的品牌。作为互联网研发者和互联网企业领导者，必须让自己时刻保持清醒，并以一种饥饿的状态来对待新知识；在对待用户时，则必须了解他们的兴趣点在哪里，什么样的产品才能满足他们的需求。

一般来说，互联网用户对于产品的要求有以下几点：第一，语音通话，互动交流的需求。任何一款互联网产品，都不可能是完全封闭的，因为开放和分享本来就是互联网自身的特点，所以人们也更希望在产品中体验到互动的乐趣。第二，对于产品的趣味性要求。如果说语音通话是就产品的实用性而言，那么趣味性则体现了互联网产品的娱乐性。随着科技的进步，技术对于新产品的限制变得越来越小，"好不好玩"才是能否吸引用户的关键。第三，网络搜索的要求。这一点，能够让用户真正体验到"以我为主，为我所用"的研发意识。第四，互联网交易的要求。这是随着互联网的发展出现的一种新的消费形式，由于本身方便快捷的特点，受到越来越多的用户的喜爱与支持。

以上四点，可以说是互联网企业必须要考虑到的方面，要想在互联网行业中占据更多的市场份额，就必须在功能全面的基础上，做到更精确、更细致。否则，产品就会被迅速涌现的新产品所淘汰。可以说，满足用户的需求，不仅是公司获得收入的必备条件，更是企业应该承担起来的社会责任。

第五章

一个平台全面开花，"小企鹅"的扩张计划

　　企鹅虽小，却有一颗行业称霸之心。从一个小小的聊天软件，逐渐发展到一个综合性的网络平台，马化腾的扩张决策可谓树敌颇多。是等着被对手鲸吞蚕食，还是先下手为强？腾讯明显选择了后者。

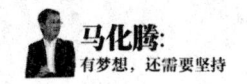

平台为王，做什么，什么火

腾讯区别于百度、搜狐、阿里巴巴等企业的核心竞争力是腾讯在 IM 领域的绝对地位。有了用户信赖的"平台"，那么平台本身成了品牌，当新产品和功能寄托于平台之上时，一切宣传、营销和渗透的成本都将大大减少，所有用户在选择、过渡和接受上的时间也会大大缩短。所以，平台为王，就可以做什么，火什么。

这只看上去步履蹒跚、呆头呆脑的小企鹅，早就凭借它王者地位的巨大平台，完成着一轮接着一轮的扩张计划。经过十余年的发展，如今的腾讯在 IM 领域市场份额第一、网站流量第一、娱乐休闲平台第一，在电子商务、无线服务、大型网游等领域，腾讯也都取得了不错的成绩，腾讯已经从最初只依靠 QQ 取得赢利的单一模式发展成为业务覆盖广阔的综合赢利模式。

2005 年 9 月 12 日，腾讯拍拍上线发布试运营。马化腾为了加强产品的自主权，推出了一款电子货币支付系统——财付通。

得益于腾讯 QQ 的庞大用户群，在拍拍网试运营阶段就开始备受追捧，腾讯 QQ 的海量用户成为拍拍网的巨大优势。当时腾讯网对电子用户进行了问卷调查，其中有 95% 的用户表示希望在购买商品时能和卖家进行即时沟通，腾讯凭借这个优势平台，成为众多电子商务用户争相追逐的对象。马化腾从此开始把目光投到了国际和国内的电子商务前沿技术上。

在平台收费制度上，马化腾一狠到底，打出了拍拍网将终身免费使用的招牌，马化腾的底气到底来自哪里呢？说到底还是他那个难以超越的平台优势。他有整个成熟的腾讯平台作为后援和支持，他曾悠然自得地说："我希望有更多的资金注入中国电子商务市场，这是好事，可以让更多的用户使用电子商务产品，而不仅仅局限于商务人士。目前，互联网开始提倡草根文化，就是让更多的普通人参与到电子商务中来，揭下电子商务的神秘面纱。对于电子商务平台的经营者来讲，如果有钱，那就免费；如果有用户，那就收费。因此，收费与否因人而异，不存在一定的规则。而对于广大电子商务用户来讲，电子商务平台能否为其带来收益才是最关键的，我们只有成规模地建立起电子市场，让用户感觉物有所值，用户才愿意付费使用。否则，将谈不上建立起成熟的电子商务平台。"这就是马化腾对竞争对手的有力回击，也表现出了他对此次决策的绝对自信心。

平台的力量除了表现在进军电子商务的进程上，还表现在网络广告的发展壮大上。在网络广告方面，虽然腾讯网的流量超过了新浪、搜狐和网易，但广告的进度一直没能跟上。以 2009 年第一季度的数据为例，腾讯的整体收益比 2008 年同期上涨 94%，而广告收益却只占到 6%，下降了 30%，只相当于新浪网络广告收益的二分之一。网络广告成了腾讯发展中的一个短板，马化腾对此一直耿耿于怀。

面对新浪、网易和搜狐三分天下的先驱优势，马化腾开始蓄势……

在对腾讯的战略进行调整的同时，马化腾拉上了以商业广告为主、拥有年 180 亿美元商业广告净收益的 Google，并积极地向 Google 大取广告经。马化腾的这一选择最终得到了他想要的结果——腾讯的广告业务实现了突破。

而 Google 这样的大牌公司愿意为之折腰的根本原因还是马化腾建立起来的网络社区中覆盖了中国网民 90% 以上的用户资源。这座覆盖面广、坚不可摧的山峰，成为马化腾无往不利的一把利器，连 Google 也不能抵抗这样的诱惑。

之后，如何将腾讯庞大的用户资源转化成切实的收益，成了马化腾和腾讯团队最为关注的问题。如何利用腾讯已经夯实的平台进行外围扩张，成了马化腾综合决策的出发点。

2010年3月，Google宣布退出中国大陆互联网市场，中国互联网搜索市场随即出现30%的留白地带。曾经与Google关系密切的马化腾再一次抢得先机，与微软和百度在火线上成功抢到一块搜索市场。那只代表腾讯的小企鹅仿佛成了一个全副武装的战士，随时利用有利基础为自己扩充地盘。

就这样，马化腾带领着腾讯团队不断拓展新业务，开辟新疆场，并成功地将资源优势和平台优势转化成了自己的绝对核心竞争力。马化腾早就先于他的竞争对手开始了多元化的发展之路。

在当今互联网的大潮中，百度的搜索、搜狐的新闻、阿里巴巴的电子商务、网易的游戏、盛大的网游，在各自的专长里，它们各领风骚。但在多元化、综合性的大趋势中，腾讯百花齐放的局面显然更胜一筹。因为，只有马化腾在稳稳把控IM市场的同时，在门户、游戏、电子商务、搜索等领域攻下了一席之地，真正从"什么火，做什么"，发展到了现在的"做什么，火什么"。

从腾讯的发展历程看，腾讯所打造的这一网络"平台"充当的不仅仅是一个服务用户的场所，或者盈利的容器，它更是一种品牌的影响力。人们对于腾讯的信任已逐渐从产品本身深化到了品牌上面，这才有了"做什么，火什么"的腾讯神话。是这种"信任互动"构成了腾讯坚实的盾牌，让所有新兴产品只要加上"腾讯"的前缀，就可以获得用户莫名的青睐和追捧，这就是品牌的力量。

干掉MSN，国内聊天我最大

2002年10月24日，微软MSN亚洲区总经理张慧敏公开表示：因为政策、文化和版本更新等诸多问题，微软的MSN业务近期还没有登陆中国大陆的打算。但希望与中国大陆的互联网企业进行"合作"。而它的潜在目标对象正是马化腾的腾讯QQ。

随之而来的还有比尔·盖茨的一封亲笔信,比尔·盖茨在信中声称感谢马化腾先生的腾讯QQ让中国人对IM有了初步了解,如果能与微软进行合作将会给腾讯带来更可观的前景。

马化腾当然了解微软背后打的小算盘。但是他又太了解微软的强劲实力,所以这个时候,聪明的做法就是回避。他既不能为了尊严与强大敌人进行殊死搏斗,也不能委身求荣,归顺到强者手下。

于是,马化腾请人代笔给比尔·盖茨写了一封回信,信中只对比尔·盖茨的肯定表示感谢,对合作一事并不回应。两个巨头的这一次文字对话,也意味着MSN和QQ的市场暗夺战就此拉开了序幕。

马化腾之所以有底气保持坚韧而独立的姿态,是因为马化腾早就开始关注MSN在市场上的一举一动,并早就对两者的优势利弊了如指掌。MSN的优势是与邮箱的紧密结合,奉行"不和陌生人说话"的原则,主要应用在商务IM中,虽然客户的依赖程度较强,但仍局限于一些熟人之间的联络,发展速度相对较慢。而QQ的使用者多为普通大众,并偏重于中国本土化、年龄较小的用户。这类人群的特点是愿意结交陌生人,而QQ兼具熟人联络和陌生人交友功能的特点,使得它在用户的增长速度上占据了绝对优势的地位。加上MSN不在增值服务上做文章,更多是寻找合作伙伴把一些频道进行外包,此举虽然让MSN很快有了一大笔稳定的收入,但也出现了MSN落地无根的情况。马化腾敏锐地发现了这一点,因此,他一直在努力寻找着对方的致命点,试图一招制敌。

很多人觉得腾讯的核心竞争力在于市场占有率,马化腾却认为,腾讯的核心竞争力是即时通信的用户区和社区。别人可以通过开发一片新市场,轻而易举地侵占你的市场占有率。但是,只要这片市场的蛋糕不断做大,腾讯同样可以从原有的用户群渗透进别人的用户群使自己的市场不断

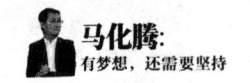

增大，所以说占有率并不起决定性作用，功能和满足感才是制胜点。可见，即使MSN的使用推广地域是全世界，在国际上，它占尽了优势；但是在中国这片土地上，微软的霸主地位依然面临巨大冲击。

在对当下局势予以充分的估量后，马化腾果断决策，先发制人。2003年3月11日，腾讯正式收购了以张小龙为首并已经拥有成熟技术和高达500万高端商务用户群的Foxmail团队，以弥补腾讯在IM市场中商务领域的不足。马化腾对此曾坦言："和微软、网易、新浪的电子邮件技术相比，腾讯的电子邮件技术有所不足，对Foxmail的收购，就是为了提高腾讯的电子邮件技术，而500万的高端商务用户群更是会为腾讯的崛起打上了一针强心剂。"关键时刻，马化腾再一次英明决断。

其实，马化腾早在2000年就已经针对MSN秘密设计研发了一款主要针对大型企业设计制作的IM软件——BQQ。到2003年11月，BQQ已经成长为一款性能稳定、功能齐全的商务型IM工具。

继BQQ之后，马化腾又快马加鞭地研发并公布了一款针对MSN设计研发的商务IM软件——腾讯TM。与BQQ不同的是，它主要针对的市场是企业中的个人用户。就这样，腾讯对中国IM市场实施了全方位立体式地"轰炸"，马化腾已经为对战MSN做好了持久战的准备。

在腾讯与微软市场争夺的后半阶段，腾讯尝试的基于用户的增值服务开发体系开始瓜熟蒂落，成为腾讯有效阻击微软的重要手段。

因为互联网服务是以新应用来占领市场的，并不是技术和标准。当年MSN曾迅速打败韩国最大的即时通信企业，但没多久又遭到韩国电信服务商下属的赛我网的成功反扑，并将门户和新的即时通信再集合赛我网的社区服务，从MSN手中夺得了市场份额。马化腾看在眼里，也暗自仿效其中的招数。在腾讯QQ与MSN的市场争夺战中，马化腾集成了许多赛我网当年的技巧和思路，除了集成大同小异的服务外，还要结合社交软件、博客等几大核心。

凭借社区的支撑，腾讯开始对新功能的持续开发。对于这些新功能，在亚洲市场引起的轰动，微软根本不理解，因为这些东西在美国并不流行，这使得 MSN 在中国市场中的敏感度和反应速度都大打折扣。自此，马化腾再一次运用他一直倡导的快速改进和用户体验成功赶超了 MSN。

在互联网的经济体系里，绝对的市场占有率已经不足以使人高枕无忧，本土化的微创意也有了颠覆本尊的可能性，马化腾就是一个在强大权威压迫下寻找生存缝隙，然后一招攻破，赢得一片艳阳天的好榜样。

马化腾霸占不了聊天工具的全球市场，那么就从本土开始夯实，开始扩张，既然比尔·盖茨觊觎的是全世界的用户，那么马化腾就从中国开始寻找突破口去瓦解他。当马化腾终于夺取 MSN 在中国的市场时，其实他获得的已经是全球用户的认可。只要你能找到其任何一个薄弱点，然后加以钻研和改造，同样可以以小博大，进而成就"我最大"。

网游的蛋糕，腾讯要分一块

阿里跨界做金融、乐视跨界做电视，"跨界"二字已然成了互联网界的一大热词。"跨界就是要进入到不同的领域，必然有失败的风险，要成功，就得顺势而为。"搜狗 CEO 王小川对互联网企业该如何跨界曾发表过这样的观点。

其实，在大数据时代，世界慢慢从分割步调踏入了整合步调。跨界的猎手们正以前所未有的迅猛之势，从一个领域进入另一个领域，并逐渐形成更关联、更便利、更全面的商业系统。他们分割的是那些行业大佬的家业；整合的是新兴商业模式。所以，在马化腾看来，跨业洗牌将是未来行业竞争的主流趋势，一场跨界分金的盛宴正在悄悄拉开序幕。同时，这给腾讯及马化腾也带来了前所未有的挑战。

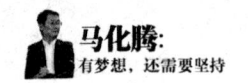

拿充满竞争与变数的游戏市场来说，我国仅网络游戏市场就已超过了20亿元的规模，并还在以每年200%的速度高速递增。在这个真实的市场环境中，网游这块大蛋糕强烈刺激了投资者的头脑。许多重量级军团纷纷涉水，线上及线下竞争和推广活动也弥漫全国，并开始纵深发展。腾讯也不例外。

蛋糕纵然诱人，但真正成功尝到甜头的人却只是极少数。伴着许多竞争者悄无声息的死亡，网游市场中的许多觊觎者们很快就感到这片战场异乎寻常的寒冷。这些巨大蛋糕的分享者们在强烈的日光下挪动着硕大的身躯，给这个市场投下了巨大的阴影。

腾讯要从强势竞争中胜出难度极大，但是马化腾清楚地意识到，做互联网产品，必须要有一个灵魂，那就是能打动用户的心。如果这一点没做好，产品外观做得再华丽、界面再漂亮、后台再强大，也很难获得网民的芳心。目前网上的很多产品其实不是在真正满足用户需求，而是在幻想用户的需求，正如国内很多SNS网站都在模仿Facebook，形式再像，都无法成功。

因而，面对竞争与变数，腾讯仍然坚持充分挖掘用户在即时通信以外的娱乐休闲需求，以这些需求为出发点，以优秀的技术服务为用户提供在线娱乐体验。腾讯QQ网游从2004年8月运营以来发展至今，已经成为休闲在线游戏的领跑者。

不同于工业产品，互联网产品的本质是服务，就是通过某种形式的桥梁和窗口把服务传递给用户，由于用户的需求不断在变，产品就要随时调整。腾讯的创业团队是从做传呼的润迅出来的，之前一直在钻研服务，这一点给了马化腾很大的天然优势，这使得马化腾很早就掌握了互联网产品的规律：把产品当成服务来做，持续改进。

腾讯游戏的目标是做成一个游戏门户，并继续坚持以用户为核心，通过提供有趣的游戏内容和优质的运营服务来拓展市场，提供差异化的产品来满足不同层次用户的需求，还有对自主研发产品的后续内容开发、市场运营与产品的无间结合，依靠强势的渠道，挖掘出更多盈利模式。

无论你的想法有多高明，都不如用户的选择高明。有了想法，不要等待它被做到完美再尝试着推向市场，不如先简单地做出雏形，然后拿到市场上去检验，对了就迅速跟进，不对就及时调整。把用户作为试金石，集小胜为大胜，是腾讯成功的法宝。

谁说权威不可挑战？谁说表面上看似被垄断的市场就一定没有缝隙可钻？马化腾就生生地从网游市场里抢到了属于自己的那块蛋糕！当你掌握了互联网产品的规律，只要瞄准用户的需求点，同时在技术开发方面采用"小步快跑，循序渐进，不断试错"的思路，就有可能超过巨头，分到属于你的那一块甜美蛋糕。

进军门户，誓要三分天下

前几年，随着搜狐、新浪、网易、TOM四大门户逐渐走出烧钱阵痛期，并先后宣布盈利，门户网站正作为一种成熟的商业化模式在大数据时代大放异彩。这让一直专注即时通信的腾讯羡慕不已。网络媒体取代传统媒体，好像是刚刚发生的事，如今又面临着传统门户移动化、碎片化阅读的逆袭。传统门户必须在夹缝中寻找新的发展机会，由此，网易、腾讯、搜狐、新浪、百度等互联网巨头都开始争相推出新的互联网战略布局。

受到"门户热"的刺激，特别是在尝试网络游戏、新闻定制后，腾讯对门户的需求更加迫切。因为短信、网络游戏、新闻定制等方面的应用越来越广，门户网站成为能提供多样化盈利通途的唯一成熟平台。当时腾讯的主打业务偏重即时通信，较为单一，风险比较大。再加上当时中国门户网站的资源并没有被充分开发，拿影响力最大的新浪来说，虽然新浪的影响力早已超过许多传统媒体，但落实到网站的具体收入上，收入跟资源远远无法达成正比，这表明门户网站还有很大的发展空间。于是，马化腾又开始带领腾讯向门户市场进发了。

但是，门户刚热起来的那两年，全国性综合门户网站约十多家，都梦想成为首屈一指的门户网站，却都没能改变新浪、搜狐、网易一直霸占前三名的竞争格局。唯有腾讯突出重围，最终站上了这个平台。

马化腾的第一步重要战略决策就是向搜狗注资27.4亿元人民币，将旗下的腾讯搜搜业务和其他相关资产并入搜狗，交易完成后腾讯随即获得搜狗完全摊薄后36.5%的股份，这对于腾讯杀出一条门户血路起到了绝对的托举作用。对于腾讯来说，收购搜狗股权是出于全产业布局的考量，它在PC端有QQ，移动互联网端则有微信，但它的搜索平台一直是其最大的短板，所以双方合作主要是业务布局考量。

完成投资后，搜狐及其关联方仍是搜狗的控股股东，而搜狗将继续作为搜狐的子公司独立运营。从现在来看，当搜狗待价而沽，张朝阳主动选择将搜狗部分股权出售给腾讯的举动，是既选择了强大的合作伙伴，同时又凸显自身的影响和价值。而腾讯恰恰填补了搜狐在其他领域的缺陷，并坚信两者经过强强联手，合力必将大于两者实力之和。所以，这不但是马化腾的眼光前瞻，更是搜狐的睿智选择。

事实证明，合作后没多长时间，搜狗公司月度用户覆盖数很快就超过了4亿，位居行业第三，旗下拼音输入法产品在PC、手机端的市场占有率行业排名第一，搜狗浏览器产品位居中文浏览器行业排名第二。新搜狗更大的想象力在于移动搜索。除了当年的腾讯现金注资外，搜狗还取得了腾讯旗下的搜搜业务和搜搜其他相关资产，包括通用搜索、问问和百科等相关资产和人员整合进入搜狗。不到一年的时间，在PC搜索市场，搜狗的市场占有率为10.35%，搜搜为3.62%，合计约14%，已与360的市场份额旗鼓相当。

至此，百度一家独大的局面终于得到了缓解，随着360势头猛烈的发展壮大，依托腾讯平台的多元化资源整合，搜狗将变成百度下一个具有相当威胁力的敌手，这必将重新洗牌整个互联网行业竞争趋势，尤其是搜索领域，搜狗与百度、360三分天下成了未来门户搜索市场的主旋律。

回顾门户从兴起阶段发展成如今三家独大的局面，我们会发现：先行优势和卡位优势在互联网时代的博弈中显得尤为重要。不同于工业时代的是，一旦先行者成功卡位，后来者就很难再超越，更别说取而代之了。这背后的原因主要有三个：

其一，网络新媒体的集约化趋势，使后知后觉者很难推出绝活去打动那些早已经被先驱们收纳了的忠实用户；

其二，风险投资的介入和上市的成功，使得先行者们拥有充沛的现金量，资金上的难以抗衡直接降低了后来者的竞争力道；

其三，由于ICP市场规模偏小，如果广告效益没预想中的好，后来者信心就会受到很大的打击，也需要很强大的内在实力去坚持。

除此之外，在跻身门户的竞争中，比较典型的桥段，还包括各商家在新闻客户端这个新兴事物上所下的功夫。当时新闻类客户端产品种类繁多，除了四大门户蜂拥而起外，百度等巨头也都在暗暗发力，但最终结果仍然是腾讯、搜狐、网易三家夺得三甲，而腾讯新闻客户端更比较早上线的网易、搜狐后来居上。

有人这样分析其背后的原因——腾讯、网易、搜狐三方争夺的焦点是用户量。在移动互联网领域适用的"得用户者得天下"，同样适用于新闻客户端。相对于用户量的考察，大多数人还是认为用户的活跃度和用户质量才是决定新闻客户端价值的重要参照。从这方面来讲，腾讯网与腾讯微博打通，且有最活跃移动社交应用微信的鼎力支持，用户活跃度和用户质量可想而知。

与传统媒体产品不一样的是，新闻客户端产品的成功与否不仅取决于

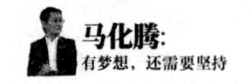

内容的运营，还在很大程度上取决于用户体验。新闻客户端的发展，内容与体验必须兼顾，任何一方面失重都将不利于产品的长期发展。在这一点上，腾讯QQ和微信的用户体验一直为业内标榜，从这个角度看，具有腾讯产品基因的新闻客户端产品能够获得市场认可也就不足为奇了。

在内容方面，腾讯也不甘示弱，从早期的新闻速度战，到如今各家围绕自己的原创栏目展开的深度推广，三大APP新闻均达成了"内容为王"的共识。三方除了将各自门户网站上的原创内容搬上手机端，还开设了多个以移动互联网为根基的原创特色栏目，比如腾讯的《猜新闻》和网易的《轻松一刻》，丰富的内容形式和多变的新闻视角也同样为腾讯赢得了更多用户的青睐。

在腾讯的发展史上，诸如此类的例子不胜枚举。因此，腾讯能够后来居上，在门户市场上得以大放异彩也就不足为奇了。现代网络世界里，长板营销已经不足以维持长足发展了，不断提升短板，才是储蓄能量和财富的高明手段。

大胆加入IT巨头的搜索大战

一提到IT、搜索字眼，就不得不先提一提那个活力四射、永远充满朝气的张朝阳。因为张朝阳的搜狐一直是国内的搜索大佬，在多元化发展的网络环境下，他一直没有分散过对搜索领域的投入和专注。当搜狐以为自己在IT领域已经无人可敌时，腾讯与谷歌的合作即将终止，也意味着腾讯搜搜开始脱离模仿方式，并正式采用自主研发技术了。搜狐不得不接受一个现实——腾讯也进入了搜索引擎这场激烈的竞争中。

当年，继搜狗宣称其流量超过谷歌之后不久，360、腾讯几乎同一时间对外宣称发力搜索引擎市场，挑战长期占据中国互联网搜索引擎老大位置的百度和搜狐。但是，360表示不会效仿百度做传统搜索，而是另辟蹊径，转而在垂直搜索领域进行更多的研究和尝试。所谓垂直搜索，指的是专门服务于某一行业的有针对性的搜索引擎，如某一特定人群、某一特定领域或某一特定需求等等，为用户提供有一定价值和信息的简洁直接化的服务。此次行动不是360第一次涉足搜索市场了，最早可追溯到周鸿祎创立3721时。作为最早的中文搜索服务，其市场份额及盈利能力曾一度领先于百度。不过，后来由于种种原因，360以1.2亿美元的价格将3721卖给了雅虎，彻底退出了竞争。

可是，这一举动并不代表360放弃了搜索市场，只是实力所限，时机不成熟而已。直到后来360完成上市，拥有了坚实的用户基础、人才储备和技术积累，也就再一次获得了重回搜索主战场的资本。

当时全球互联网用户在Facebook上停留的时间超过了谷歌，国外社交搜索已经形成重要的发展趋势。面对国内拥有70%以上市场份额的搜索引擎巨头百度，坐拥7亿账户的腾讯，360能否冲击国内搜索引擎市场一家独大的局面，形成与二者相抗衡的竞争力量，甚至改变百度长期稳定的传统通用领域的搜索实力，360并没有多大的把握。那么，作为中国拥有最大规模互联网用户的腾讯，是否有把握打赢这场搜索大战，马化腾又是如何决策，并有所突破，甚至超越呢？

早在2006年腾讯就开始进军搜索市场了，马化腾曾说："腾讯要实行为满足用户各个层次需求，量身打造在线生活的产业模式，其中网络搜索归属于'信息传递与知识获取'这一范畴，以满足用户基本需求。"但是状态一直不够乐观，总是处于不温不火的阶段。之所以选择与360同一时间发力，主要原因还是产品的准备和商业化的准备已经成熟，绝对不是盲目蜂拥的决策。

另一方面，马化腾布局已久的腾讯搜搜同样不再重走前人路，腾讯未来将围绕社交、无线两大领域挑战百度。腾讯之所以致力于搜索技术的自

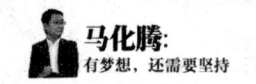

主研发，说到底还是为了进一步完善腾讯一站式在线生活战略，向用户提供更快、更好的搜索体验，以争夺搜索市场的稳定用户群。腾讯搜搜还公开招聘搜索引擎高级工程师和构架师，全身心酝酿着一项自主研发的搜索技术。后来腾讯覆盖了网页、图片、音乐、论坛、微博、游戏、电商等领域，360也在电商、游戏、团购、影视、小说、音乐、彩票等各垂直领域全面开花。这意味着，那之后的垂直搜索战争将在两巨头进入之后变得更为激烈。

从另一角度看腾讯进军搜索市场的过程，我们也能看到那些背后隐藏的亟待弥补的短板。受当时中国互联网用户基数增速放缓的影响，腾讯核心业务QQ的最高同时在线账户出现季度环比下降，这一现象意味着腾讯"企鹅帝国"的核心支柱QQ增长放缓，腾讯必须发掘新业务以支撑其未来的增长。所以，腾讯开始下意识地由2C向2B发展。而如何实现庞大的用户流量转为2B领域，是腾讯最严重的短板问题。于是，搜索顺理成章地变作了腾讯介入将流量转入企业客户变现的工具。

随着腾讯加入搜索大战，搜索引擎市场的竞争势头愈演愈烈。例如在搜狗、百度、谷歌等搜索引擎厂商崛起后，网易也逐渐将重点转向推介自主研发的搜索引擎。巨头们纷纷进入搜索引擎自主研发领域，表明了国内商家对搜索引擎市场的重视，该市场的竞争格局开始悄悄发生改变。这条路上更多的惊喜和风险仍然等待着人们去期待，去实践。

如果某个领域的市场成了生存发展的必争之地时，那么谁的战略巧妙，谁的胜算就会更大一些，尤其是当你起步晚、经验少时，你的决策可能直接决定你的生死。马化腾在搜索市场这个关键性的战役中，再一次依靠他出色的决策力率领腾讯部落打了一次漂亮的胜仗。搜索市场里从此再也不是只有张朝阳及李彦宏的名字了。

全面开花，演绎"帝企鹅"神话

中国互联网横跨多条业务线的企业不在少数，但几乎没有一家互联网公司能做到在两条以上的业务线上同时领先，除了腾讯。

从 2001 年开始，互联网产业的发展机遇就算是正式到来了，互联网与移动通信的结合，使互联网企业找到了盈利的模式和渠道，腾讯成为最先使用这种模式实现盈利的中国互联网企业，也奇迹般地成为全球最先依靠即时通信赚钱的互联网企业。在时代的滔滔洪流中，这种可遇不可求的大好时机，通通被腾讯逮住了。

2002 年，腾讯进入前所未有的高速发展期，在核心的即时通信业务继续高速增长的同时，还顺势进军互联网主流媒体资讯领域，建立了"QQ.com"门户网站，迅速跻身国内门户网站前四名，在互联网娱乐、游戏领域也都取得了长足的进展。自此，腾讯多面开花的局面开始出现端倪。

当年，腾讯作为一家香港主板上市公司，早已具备了足够的品牌、资本优势，并将重点移向跨国互联网，开始"师夷长技以制夷"，学习国外先进网络企业的持续发展能力和扩张能力。力的作用总是相互的，当时，很多来自国内外的各类竞争对手纷纷进入中国市场，互联网的国际竞争态势日益加剧。

可以说，产品和营利模式给了腾讯以发展的基础，但真正让腾讯取得一定阶段的成功，并保持持续发展，这些东西还远远不够。对此，马化腾曾这样解析其中的要诀：

其一，腾讯的腾飞还需要庞大的用户资源及在此基础上对于用户需求的理解、实现和满足能力。目前腾讯 QQ 广大互联网用户是腾讯价值的基础，脱离了用户价值，腾讯的所有一切都将不复存在。只有不断增加用户的社区价值，注重平台健康发展，增加活跃、忠诚用户，腾讯才可以有长远的发展。所以，腾讯确立了坚持"一切以用户价值为依归，发展安全健康活跃平台"的战略，通过不断强调创新理念，在营运和服务上丰富和提高用户体验。

其二，企业离不开自主创新能力。过去的几年里，腾讯一直以追求卓越的技术为驱动，始终处于稳健、高速发展的状态。腾讯QQ庞大的用户群体现了腾讯公司对强负载大流量网络应用和各类即时通信应用的技术实力。拿QQ这个业务来看，QQ在每一个版本的设计中都有清晰的规划，腾讯必须将创意性元素和用户的需求紧密地捆绑起来。在QQ秀、QQ音乐、无线乐园、QQ游戏、QQ交友、QZone等产品成功地与即时通信结合之后，QQ宠物、自定义表情、QQ高级群等许多丰富化的娱乐增值功能也得到了网友的极大认同，并被业内专家认为是对即时通信产品本身的强有力推动。

创新是腾讯企业文化中重点强调的一个方面。马化腾一直试图通过完善创新机制，以全面的技术创新、管理创新、经营模式创新，推动公司的不断成长。腾讯员工不仅在方式、方法、内容上不断寻求更好的解决方案，谋求更好的成果水平，还通过完备的保障机制和激励机制去不断激发个人创意。

其三，腾讯QQ初具规模的网络社区和独特的QQ文化，影响了一代中国年轻人的沟通方式。如今，几乎所有电脑显示屏的右下角都会活跃着一只小企鹅，它丰富了人们的交流互动空间，从此，交友开始跨越年龄、性别、种族、畅所欲言。当人们习惯通过使用即时通信进行沟通后，人气的汇聚无疑加大了即时通信产品本身的黏合性，如果每个即时通信用户的使用者平均都有30个好友，一旦失去这个沟通互动的平台，那好友间的联系也会随之中断。因此，腾讯可以有底气的是，即时通信在聚集了人气之后，将逐渐成为一种时尚潮流，进而成为一种社会文化现象，并延伸交流范围。慢慢地，传播正确的文化导向和价值诉求，就成了腾讯一直坚持的追求。

看到了腾讯全面开花的要诀，我们也不得不关注其背后隐藏的风险。当腾讯从当年的小企鹅迅速成长为现在这样的互联网大亨，门户、搜索、微信、SP、社区、支付等等凡是有利可图的项目，它几乎无不涉足，腾讯的资金、资源、人才无疑都是强势的，但它会不会因此陷入"多线作战"的疲惫局面呢？

腾讯对于未来互联网的发展提出了一种叫作"在线生活"的新观点。一种与传统社会不同的新的人类生活模式已经跃然而出，在马化腾看来，中国互联网产业在经过十多年的快速成长后，已经形成了一种全新的基于网络基础平台和数字化信息载体的沟通与组织模式，构建了一个巨大的、超越空间之上的网络群体，我们称之为"online society"——在线生活。

在这个网络社会形态当中，几乎所有生活的细节需求，无所不包：门户是信息查询和发布的途径；电子邮件和即时通信是个人交流的工具；个人博客、论坛、聊天室是群体对话和社交的所在地；网民们还可以利用网络电台收听新闻和音乐，用网络电视看电影，通过特定网站进行购物、学习、导航、查询股市、了解天气等。

直到后来，腾讯正式确立了"在线生活"的企业发展战略，将用户在互联网上的需求细分为了四大类，即资讯、沟通、娱乐和商务，开始通过自己的产品和服务为用户提供一揽子的解决方案和一站式的贴身服务，让产品像水和电一样渗透到用户的生活当中。为此，腾讯开始了相关多元化的业务布局，构建了QQ、QQ.com、QQ游戏以及拍拍网这四大网络平台，分别形成了规模巨大的网络社区，逐渐实现着整个社区平台的无缝整合。

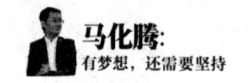

可以说，腾讯所有的业务布局都是围绕"在线生活"的企业发展战略来进行的。从 2006 年提出这样的一个战略目标以来，除原有业务的即时通信、互动娱乐、无线增值等业务保持稳定和创新性的发展外，腾讯一直有计划、有步骤地发展了包括拍拍网、搜索、QQ LIVE 等业务，同时着力打造一个强大的网络媒体平台。2006 年年底，腾讯布局初具模型，到了 2007 年，腾讯的主力就开始转移到如何将公司的所有资源整合成一个平台的力量上了。

古代谋士刘伯温有句话说"高筑墙、广积粮、缓称王"，现在业界也以此来勉励企业发展，腾讯目前正处于高速发展时期，做好自己的产品服务，就要广泛积累人才和用户资源。

所以对于一个企业来说，在拓展业务的时候，始终坚持"稳健"的路线，包括整合战略都必须为了企业能够持续发展而制定，才能够迎来全面开花的大好局面。

第六章

加入存储大战，云服务成就亿级俱乐部

　　随着云技术的提出，网络存储成为众多互联网巨头争夺的一块商业蓝海。腾讯微云于2012年7月正式推出，在短短不到一年的时间里就突破了一亿用户的大关，这标志着腾讯在云计算的道路上迈出了一大步。

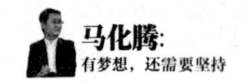

微云，见证互联网的竞争速度

在飞速变革的互联网时代，说到存储，就必须从云计算的诞生开始说起。云计算的概念最初是由 Google 提出的，它是一个特殊的网络应用模式。云计算的狭义解释是指 IT 基础设施的交付和使用模式，即通过网络以按需、易扩展的方式获得所需的资源；广义解释是指服务的交付和使用模式，即通过网络以按需、易扩展的方式获得所需的服务。云计算具有超大规模、虚拟化、可靠安全等特点。

后来，互联网飞速发展，云计算开始在局部范围里被广泛应用。于是，微云这个脱胎于云计算的一个分支，随着网络前进的脚步，开始了它的领土扩张，且应用越来越广泛，就像如今的微博一样。较之云计算，微云用起来简单、方便、快捷，拿家庭云来说，当一个家庭里组建起来一个接入云计算的接入点，就可以称作微云。无数个这样的微云分支就组成了一个庞大的云计算系统。

了解了微云的优势和潜力，我们再把目光放回到腾讯身上，这样一大块美味的蛋糕出现了，马化腾眼疾手快地将它拿下了，再一次用他天赋般的决策能力攻下了这座城池。

腾讯微云于 2012 年 7 月 12 日正式推出，集微云网盘、微云相册、微云传输、微云剪贴板等功能为一身，智能云服务。基于微信平台的微云收藏功能一经推出即深受用户欢迎和喜爱，便捷的操作体验使微云成为微信云存储功能的领导者。2013 年 5 月 8 日，腾讯正式对外宣布旗下云存储服务产品——微云，用户数突破 1 亿，正式迈入"亿级俱乐部"。当然，在此之前，Dropbox 早在 2012 年 11 月也宣布过用户过亿，但 Dropbox 却用了长达 5 年的时间，而腾讯微云推出后不到一年就达到了这个量级，发展速度更快、来势更猛,更加证明了马化腾的强大实力,也投射出了移动互联网时代不可思议的竞争速度。

强大的平台和便捷的服务已经为微云吸引到海量用户。不过,腾讯微云能做到的事情远不止于此。随着以 Google glass 为代表的可穿戴智能电子设备的流行,这类智能设备在可预计的未来将成为像智能手机一样的必需品,并成为大众生活的一部分。微云在未来,也许不仅仅会为人们提供数据储存,更有可能摇身变为人生历程的存储器。而竞争背后,容量将不再是最重要的,信赖才是最具分量的竞争资本。

2013 年 8 月 28 日,这一天,腾讯微云又向世界发出了一个掷地有声的消息:正式推出 10T 免费云空间服务,最大单文件上传容量达 32G 的云空间。10T 的空间有多大?以一部高清 1080P 电影占用 8G 空间来估算,10T 的空间可以存储 1280 部高清电影,每天看一部,也得三年多才能看完;若全部用来储存 2MB 一张的数码照片,相当于 5242880 张,每天上传一百张,传到一百岁,空间也用不完。而对于用户而言,高达 32G 单文件上传容量带来的不仅是容量的提升,更是产品能力的提高,微云试图带给用户绝佳的产品体验。

这一重磅消息一步到位地使个人云存储从"G 时代"进入了"T 时代",成功打造了个人云存储服务的标准。

如今,微云已成功与腾讯各大产品相通,并提供了统一标准的高质量云存储服务。目前,微云还对外开放 API,为开发者提供尽可能广阔的存储空间。

微云自推出以来,不断整合腾讯旗下其他云存储产品,力争为用户提供统一、便捷的云存储服务。用户数突破 1 亿对于微云来说虽是个重要的里程碑,但马化腾仍然不断思考,不断逐浪市场,他心里非常清楚,这条优化体验、推出更多平台终端、完善用户需求的道路远得望不到尽头,那根时刻紧绷的竞争意识也从未敢松懈过。

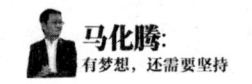

在战略上，马化腾一直在试图建立个人云存储这个炙手可热的新兴市场的标准，所以在推出和推广的决策上，马化腾拒绝采用传统的价格战，而是豪气一吐，直接来个免费到底。实际上，比10T容量更具吸引力的是带给用户的体验，尤其相比其他传统云存储产品，微云强调的是便捷的服务——这包括把文件极速传送到附近设备的微云传输和打通电脑和手机的微云剪贴板功能。而且腾讯微云作为腾讯统一的个人云存储，通过QQ和微信这两大平台的底层植入，实现了用户在腾讯产品矩阵下的一站式体验——通过QQ、微信、QQ邮箱、Qzone等，随时上传或下载文件，并通过腾讯社交链条进行便捷分享，这个庞大的基础用户群再一次给腾讯创造了不可取代的优势。

由此可见，在这个从产品经济向体验经济过渡的阶段，马化腾总是能够审时度势，占得先机。

储存空间大战在所难免

由于新旧理念和技术标准的交织、碰撞推动着产品的更新换代，网络存储市场作为一个技术驱动的市场，也在从存储应用阶段走向另一个更高的阶段。

2002年后，经历了网络泡沫破灭的洗礼，全球网络存储市场开始复苏。十余年来，这一趋势一直带动着中国网络存储市场的飞速发展，网络存储的重要性开始逐渐渗透到普通大众的生活中，并得到了国内用户的广泛认可。

随着网络存储市场的活力被激发出来，存储不再是安装在服务器中的几块硬盘，而是一个独立的系统，网络附加存储（NAS）也好，存储区域网（SAN）也罢，用户已经可以根据需要自由地选择多种网络存储技术，以解决存储空间不足、性能不强、可用性不高等诸多问题。用户对信息安全、业务连续性、法规遵从等需求日益迫切，催促着存储技术的不断完善；而那些形形色色、层出不穷的新技术、新理念又反过来支撑着业务的运行，驱动着业务的创新。正是由于外部技术与内在需求的双重作用力的不断互动，中国的网络存储市场必将面临一场技术之争、市场之争、厂商之争的变革。

不可避免地，存储市场的竞争已经呈现出立体竞争的态势，各厂商间开始拼产品的差异化程度、渠道布局、服务品质，以及技术研发上的实力，而腾讯其实早就充满斗志地悄悄加入了这场竞争中。

QQ网络存储的正式版发布跟每次QQ发布新版本一样，瞬间吸引来了亿量级QQ用户的眼球，六大合作下载媒体网站的下载流量陡增。拥有四大亮点功能（好友共享、在线播放、邮件转发和腾讯共享）的QQ网络硬盘新版本首当其冲，为原本只能进行上传下载操作的QQ网络硬盘插上了"要大、要爽、要共享"的旗帜。

在QQ网络硬盘出来之前，国内的网络存储市场还处于群龙无首的状态，无论是吆喝很久的网络保管箱，还是早就推出的网络百宝箱，都未能给网络存储市场一剂强心剂。一方面在于网络存储市场是个资源高耗的市场，用户对网络硬盘空间使用率，要超过电子邮箱空间使用率10倍以上；另一方面，现在P2P技术大行其道，且这种CS模式并不被商家看好。

正是在这种情形下，腾讯开始进入网络存储市场。腾讯没有照搬原有的网络存储模式，而是紧紧将QQ和网络存储整合起来，这种Windows操作习惯和QQ操作习惯的整合，使得用户几乎没有任何操作上的门槛。

从马化腾的发展思路上看，腾讯并没有在QQ网络硬盘的存储空间上纠缠不休，而是更注重在基本存储基础上的应用功能，新版本中的在线播放和好友共享功能，都是基于上传下载存储的应用。就这样，有着1个亿活跃用户的QQ网络硬盘，毫无疑问已经成为目前国内规模最大的网络存

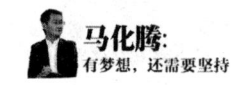

储服务，也正是这样的开始，使得腾讯在原本并不看好的网络存储市场迈出了第一步，且步伐会越来越有力度。抢得即时通信市场先机的心思依然在马化腾心中延续。很多人无奈地发现，在争夺网络存储市场中，腾讯又一次先发制人了。

开放 API，微云的无敌撒手锏

从 Web 诞生到二十多年后的今天，人们对于信息处理的态度和方式，早已不再是关注实现结果的方法，而是怎样才能获取有价值的内容。随着互联网先驱们的一步步试探，人们逐渐发现，实现这一理想的重要一环就是——开放。开放一词在今天来看，已不是什么新鲜的概念。它最初来源于软件行业的源代码共享，以 Linux 操作系统确立的无偿分享源代码模式为经典代表的开放模式吸引了诸多独立开发者和商业企业共同参与创作，使得 Linux 逐渐发展为一款集合了群体智慧的经典"艺术品"。

进入互联网时代以后，秉承资源共享、协调发展精神的开放平台如雨后春笋般出现。软件时代的开放精神也因此被网络工程师们弘扬开来。而如何实现人、数据、设备三者之间的无隙交互也成为互联网界亟待解决的问题。苹果、甲骨文、腾讯等世界顶级巨头都将目光瞄准了"云服务"平台，诸如 iCloud、腾讯微云等产品纷纷涌现。

但是，不可避免的是，一提到开放，人们的意识里还是会浮现出免费、共享和信息共产主义。事实上，互联网世界的开放并不与之相同。

APP（Application 的简称，多指智能手机的第三方应用程序）开始随着互联网越来越开放化，连同 iphone 的盈利模式被更多的互联网商业大亨看重。目前比较流行的 App 商店有 Apple 的 App Store，Android 里面的 Google Play Store，还有 Blackberry 的 BlackBerry App World。App 营销的渠道有应用商店、广告联盟、手机应用媒体、手机应用论坛等。比如，腾讯的微博开发平台，百度的百度应用平台都是 APP 思想的具体表现。

后来，Facebook 在自己的商业模式中引入开放应用程序接口（Open API），相当于 Facebook 开放自己的用户资源，让开发者可以调用某些接口，为用户提供游戏、软件等服务。通过向外部开发者开放核心 API，Facebook 得到了更多服务和应用，吸引了大量用户；而开发者，则依靠 Facebook 的巨大人流，从中获取巨额收益。这一创举让 Facebook 更为强大，也让互联网产业多了一个新工种——开放平台的开发者。

如果说 APP 的开放模式是一种解放，那么 API 的开放模式就更加是一种置敌于死地的撒手锏了。当年，微软视窗正是利用开放 API 接口，吸引了大批厂商开发出种类丰富的视窗应用软件，这才奠定了 Windows 的强势地位。

环顾当今全球互联网格局，风头正劲的 Facebook、Twitter、Mebo、Amazon，都是"开放"模式的积极倡导者和实践者。巨大的利益也吸引着国内一线互联网公司争相开启自己的开放之旅。

眼看着新浪、百度、盛大等开放 API 后，腾讯 CEO 马化腾表示：为丰富腾讯微云相关应用，也要开放 API。因为微云的核心功能是让用户在各种终端之间同步文件、推送照片和传输数据，并对这些散布在各种硬件终端和软体 APP 的碎片化信息进行统一管理。

马化腾认为虽然开放 API 是大势所趋，但是也不可急于求成，需要一个慢慢过渡前行的过程。毕竟，开放的前提是自我利益首先得以保证。就像 Facebook 拒绝苹果的 Ping 社交网接入自己的应用程序界面一样，对于苹果这样旗鼓相当的对手，Facebook 不得不防范其进入社交网络后所可能带来的威胁。还有 Google 向苹果的 App Store 提交 Google Voice 的应用没有被通过，也是一样的道理。

让业内人惊慌的是，腾讯微云开放 API 后，会提供一些杀手级服

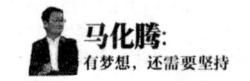

务——自驾游用户使用地图APP时保存一份行车路线，美食家在APP中保存一份菜谱，阅读爱好者在APP中保存阅读进度……总之，用户可以根据APP的使用场景，定制化需要保留的数据格式，再由用户保存到微云端，从而获得标签似的服务。对于那些开发者而言，微云带来的不仅是便捷的服务，还有更多利用微云的开放接口实现用户数据存储、多端同步、分享等功能。通过使用微云SDK，开发者无须考虑用户数据的存储细节，微云可以全权为他们处理好。与此同时，微云产品特别推出了微云开放API供第三方APP开发商使用。通过微云与开发者、用户三者的融合，构建了一个健康的个人云时代生态系统。

面对马化腾的这一决策，很多竞争对手都感到无能为力。作为后起之秀的腾讯微云一杀入到云领域，就被冠以拥有杀手级功能，俘获了众多拥护者。

和微信一样，腾讯不是第一个推出同类服务的，但腾讯之所以能把此类服务和产品做到极致，靠的就是开放API这一最后绝招。当开放已经成了互联网的态度，微云开放API更是同类API中最为深入的。腾讯微云用户可以通过3G网络和WiFi网络，实现手机、PC端的文件与云端进行同步存储和调取。后来更为典型的例子就是腾讯微云与微信进行联结，为微信用户提供"收藏朋友圈文章、保存好友照片、记录重要文字语言"等实用服务，开启了云存储新的里程碑，且这一思路对于其他的APP产品同样适用。

如果说每个人都是一个信息节点，那么微云做的就是一个信息的蓄水池，用户通过这个蓄水池，可以快速地进行信息传输和交换。如同微信改变了移动互联网时代的人际交互方式一样，微云意味着移动互联网时代的人与数据的交互方式的变革。如此看来，腾讯微云所构建的"个人云时代"已清晰可见，马化腾的"开放"政策之路也必将越来越开阔。

没有什么比用户的信任更重要

"免费"的撒手锏,马化腾屡试不爽,刚开始大家以为他不过是利用免费的噱头和诱饵去实现用户的聚集,等到拥有了足够多的用户量,再后发制人,以谋取暴利,但是事实证明这种想法错了。刚好相反,马化腾并不是站在商家的角度去决策的,而是从满足客户需求,诚心为用户服务的出发点制定的发展策略。这看似与商家盈利的初衷相违背,事实却是一种相互推进的互动关系。最后的结果也只有一个,那就是——双赢。

商家生产是为了盈利,顾客购买是为了达到使用满意。商家营销究竟是从利益出发,还是从满足客户需求出发,成了商业领域里不断争论、不断探索的问题。可是,人们往往忽略了把这个问题放在大的时代背景下去审视,人们忘了这个网络时代不同于以往传统工业社会的生存方式才是决定营销方式的关键。所以,将以盈利为主的思维模式打破,并转化成以诚信满足客户的营销思路才是这个网络时代的可行之道。

生产是为了满足客户需求,这听起来就像是一个路人尽知的基本常识。然而,真正能做到认真倾听客户需求,从客户的体验和感受出发设计产品的商家却是少之又少。也正是因为能够做到的企业少,所以一旦某个企业先人一步做到了这一点,就会迅速得到用户的反馈和拥护。腾讯推出的微云免费存储空间,走得恰恰就是这条路,它所有的目的只有一个——诚心为用户服务。

从传统的产品营销到如今的网络体验营销,其间遵循的方法实际上是相通的。这就不难理解,为什么腾讯要在激烈竞争的存储市场里推出免费服务了。腾讯正是透过竞争乱象,预见到了市场未来的走向,并做出了正

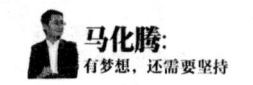

确的假设。事实也验证了马化腾的这一正确眼光和决策。

这一切都源于腾讯董事局主席马化腾的"免费战略"的决策实施。在马化腾看来，腾讯的一切工作就是围绕用户需求，满足用户的需求就是最大的创新。只要用户需要，马化腾就会毫不犹豫地动起手来：邮箱、财付通、QQ空间、手机QQ……任何一种新产品、服务或者应用，无不是站在用户立场和感受上创造出来的。

其实，马化腾的决策思路就是，商家们与其在价格和功能上费尽心思，不如从心理上投靠用户，一旦获得了用户的心理认可和依赖，就胜利了一大半。也只有掌握了用户的心理模式，才有可能更加清晰和准确地决策企业未来的发展方向。

从客户需求出发，最终满足客户，这是马化腾的成功之处。马化腾成功赢取用户的心，靠的并不是传统的、复杂的营销手段，相反，他选择了逆向思维，化繁为简，通过立场的转换去充分挖掘和施展自己的价值。因此，"免费"不是腾讯处心积虑的策略，不是无商不奸的伎俩，而是马化腾诚心为用户服务的初心。

不要再抱怨网络时代的营销有多么难了，不要再费尽心机地去研究那一套套的营销战术了，最难的问题往往有着最简单的解决办法，只要我们向马化腾学习这一点——从满足用户需求出发，一切都水到渠成。在信任经济时代，没有什么比博得用户发自内心的好感和信任更重要的了。

仅1年就升级为亿级俱乐部

随着网络用户对储存空间容量需求的不断扩大，面对各家网盘主打的文件传输、相册备份、通讯录同步等功能。越来越多的网民感受到了云盘产品服务的相对滞后。于是，腾讯为改变存储界的困境打造出了微云。

腾讯微云涵盖云网盘、微云相册、微云传输、微云剪贴板等功能，后来又增加了微信云存储功能——微云收藏，腾讯微云2.0版本已为4亿微信用户提供了智能云服务。一个热闹非凡的亿级俱乐部开始了它的狂欢……

腾讯发布的微云2.0版本中则推出了一系列创新点，除了升级文件传输与备份的基本功能外，还新增了云笔记功能，方便用户记录购物清单、备忘录和讲课笔记。新增扫描二维码的功能（用户可将网页、文件、照片和优惠券等文件生成二维码后，直接进行扫描保存）、临时文件功能（可查看QQ离线文件等腾讯系服务文件）、内置QQ影音内核（实现在线播放视频资源）。

事实上，腾讯第一次真正实现了帮助用户把资源集散地从U盘转移到网盘。总之，腾讯正从单一的存储服务向全能型的聚合服务产品进化。无论是产品定位还是产品功能，微云都在延续云存储产品核心价值的基础上，朝着全能化的发展方向行进。

随着2014年腾讯微云2.0版本的发布，微云用户数很快就成功突破了3亿大关，成为个人云存储领域用户最多的产品。其实，微云的重心不仅仅在扩容上，还包括升级服务体验，这才是影响到国内个人云发展方向的竞争焦点。微云用户之所以能突破3亿大关，一定程度上依赖于腾讯的创意和诚意。

例如微云2.0的全能收藏，意味着云存储将不再只是微云的唯一身份，虽然照片与文件的存储备份分享依然是存储的核心功能，但非文件模式的收藏功能，则很大程度上丰富了微云的服务体验，应用体验也更加深入用户的内心。

再比如，微云加入二维码扫描、记事本生活应用、面对面分享、应用推荐等功能的全新版本，让微云进化为一个依托于云存储技术和服务的一

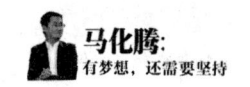

站式解决方案，成为移动互联网时代不可或缺的集成式工具软件，尽可能满足着用户的各类应用需求。

微云并非一款传统意义上的云存储产品，微云提供的是全套云存储服务，如果把传统的云存储和网盘比作仓库，那么微云就是物流，具有存储加运输的功能。微云推出后不久就成功与腾讯各大产品打通，提供统一标准的高质量云存储服务。同时，微云已对外开放 API，为开发者提供了广阔空间，通过不断整合腾讯旗下其他云存储产品，力争为用户提供统一、便捷的云存储服务。

因此，如果说微云用户数突破 1 亿对于腾讯微云来说是个重要的里程碑，那么微云后来突破 2 亿、3 亿就成了理所当然。

用户的争夺一直是互联网世界里不曾消停的战斗。就像当年微信一样，从最初以文字通信、手机图片分享为卖点，依据用户和市场反馈，微信逐步明确了产品方向：依托用户基础，创新性地提供"查看附近的人"和"摇一摇"功能。谁料，此举一鸣惊人，很快成为微信的爆发点，用户迅速突破 2000 万人大关，产品日新增用户以数十万量级增长，确立了腾讯在移动 APP 市场绝对的优势地位。马化腾也从用户激增的这一现象中捕捉到，未来移动互联网是大势所趋。微信被用户接纳的速度正是移动互联网的速度。除了背靠腾讯强大的社交关系链，腾讯的成功更在于它的创新功能和极致的用户体验。

"如果一款应用不能在 5 到 10 秒内吸引住用户，用户就很可能抛弃这个应用。因此一款产品决胜期可能在一个月之内，如果一个月内不行，后面可能是死路一条。"马化腾这样理解一个网络新产物的命运。所以，他一直在根据用户反馈，快速完善细节，奉献给用户最佳的体验感受。如果说功能和用户体验的创新是内容层的构建，开放 API 接口则是搭起了开放平台的架子，让微信成为一种链接各种互联网产品并实现内容在关系链中流动的基础服务平台。

同理，在云空间的用户抢夺中，马化腾所采取的是同样的策略。

2013年是网盘竞争最为激烈的一年，这一年，360云盘容量升到T级别，并由此引发了网盘容量上的拼争。一番炮火轰鸣之后，百度云、腾讯微云等也纷纷加入这场竞争。直到360再次推出无线永久免费存储空间，才暂且平息了这次纷争。

在拥挤的网络时代里，腾讯拥有一个亿级的稳定用户群，它依靠的不是对原有用户的深度挖掘，也不是对拥有大基数忠实用户的过分自信，靠的是腾讯始终把自己当作行业新人，自始至终用诚心和诚意去打动客户的行动，靠的是以马化腾为首的腾讯人对用户感受的敏感洞察，对网络市场走向的犀利观察和果断决策。

因此，产品好、有创新、用诚意打动用户才是争夺用户的王道。如何有效利用海量用户、紧密的社交网络，让亿级用户成为自家产品的忠实拥护者，就要看商家是否具有保持好产品与好体验的能力了。

全业务竞争的时代到来了

除了做即时通信工具之外，马化腾还悄悄试水搜索引擎，还利用网上商城"拍拍"直接叫板马云的淘宝，他的资讯门户战略又直指搜狐和新浪。

当马化腾梳理着自己漫长的业务线时，他发现，腾讯做一个"全民公敌"式的企业是在互联网时代扎深根，继而开枝散叶的必经之路。所以，在马化腾的带领下，腾讯正式闯入了全业务竞争时代的战场。这是趋势，更是马化腾前瞻性的决策之一。

在全业务、多运营商竞争的格局下，腾讯也曾面临过很多困惑：面对日益动荡的网络时代，究竟是集中优势兵力发展核心业务好，还是平均用力，多元发展好呢？如果边缘业务是"鸡肋"，长期下去势必顾此失彼，丢掉了原有的即时通信优势。但如果多元兼顾的话，究竟该从何下手，先发展哪一部分，后续推出哪一部分呢？

从互联网发展的周期看，随着网络环境逐渐走向健康和成熟，扭转业务的单一和不平衡态势并非一蹴而就的事情。全业务战略的实施并不能使业务结构失衡现象在短期内消除，且会伴随原有业务下滑的压力，达到新的业务结构平衡需要经历时间的考验。在全业务竞争的格局下，把握二者的关系和定位，促使优势业务和辅助业务协调发展，成为网络时代所有商家的必然选择。

那么，怎样做才算是"协调发展"？当全业务竞争已经成为市场竞争的主旋律，在几个巨头进行全业务运营商竞争的格局下，实现业务巩固和业务创新的双重发展保障，就必须要加速推动业务间的通畅和融合。

在马化腾看来，加速推动业务融合，对于企业而言，是因为业务融合可以提升用户的连续业务体验，增加用户对网络的忠诚度，吸引和留住用户，这是运营商的生存之本。融合也将有助于运营商降低网络建设、业务开发、运营维护以及营销服务成本，从而可以在网络建设阶段统筹规划，充分利用现有资源，降低投资成本；在网络运营中，充分发挥融合网络的层次化、模块化、简单化和集中化的优势，大大降低业务开发难度和运营维护成本。融合将有助于实现业务间的优势互补，发挥综合优势，进而扩大总体用户规模和业务量，有助于运营商扩大业务的广度和深度，更加快速、方便地提供多样化、综合化和差异化的业务体验。

在初步完成战略部署之后，各大运营商迎来的将是短兵相接的白热化搏杀阶段，这是中国网络版的"三国演义"里必不可少的阶段，毫无疑问，这又是一段充满血腥的记忆，但是，也将是中国网络时代最精彩的一幕。能否最终赢得这场博弈，关键取决于各大集团的竞争力能否进一步下沉，化为终端竞争力。树立全业务模式下的"竞争力下沉"意识，细化集团竞争力，推动竞争力进班组、进岗位，强化基层文化管理和抓好基层领军人物素质培养将是各大运营商"竞争力下沉"必须尽早开展的五大策略。

所有虎视眈眈的竞争者都看得出，网络时代带来的全业务竞争是一场立体竞争。它如同一顶魔术帽子，一夜之间让数十年的产业竞争重新洗牌。

能否在"三国鼎立"的格局中真正崛起，对于腾讯来说，要走的路很长，马化腾对腾讯及自己有着清晰的认识，对如何应付全业务竞争也有完整的规划。对此，马化腾认为，一场赢得世界的竞争是立体的，而不是局部的；是持续的，而不是暂时的。其实，要想看清形势，就必然离不开宏观、中观和微观三个层面，如果以战争而论，那就相当于是战略竞争与战术竞争的有机结合，以现代企业管理的术语来论，则是组织竞争、市场竞争、人才竞争等因素的综合体。

在战略部署上，腾讯明白：通过打造基层的竞争力乃至核心竞争力为客户提供爱不释手的体验并非一张便宜的白纸，将是今后行业赢得竞争的关键策略，这也是目前各行业共同的"薄弱环节"。

数年来，很多企业一直引以为豪的服务品牌和有恃无恐的庞大用户群体开始出现分解，如数年来个别企业不惜倾巨资打造的所谓服务能力，在全业务背景下，实质上如同繁华的泡沫一样虚幻：一是现有基于规模优势基础上的服务优势一直停留在表面，未能深入人心；二是传统业务下的服务模式对于全业务模式下的服务模式不仅毫无价值，甚至是故步自封的框桎。如果他们对此没有给予足够重视的话，接下来就是在最优势的地方粉碎得最厉害。

但是，即便如此，别人的短板也不会自动成为腾讯的长板。所以，关

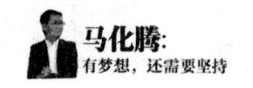

键时刻，在腾讯的工作室里，以马化腾为首的决策层开始了一场树立全业务模式下"竞争力下沉"的意识风暴。马化腾深知，全业务竞争和业务融合的方式，对于用户而言，将大大提升业务便利性。通过网络平台的渗透，用户可以通过统一的终端获得各种相关联的业务体验，在这个快节奏的社会里，必然满足着更多人的生活需求和效率要求。

可以试想，如果每个商家都能进入到全业务竞争的角色当中，假以时日，形成气候，一定会因为业务间的融合激发出企业和商界更加强劲的生命力，在业务结构调整中打造出超越传统业务发展模式的新竞争力。

所以，业务融合的快与慢、好与坏将是运营商未来赢得竞争新优势的关键所在，而腾讯的全业务协同效应一旦发挥出来，一定会创造出更多的市场机会、更大的发展空间，拓展出一片新的广阔天地。

整合平台是唯一出路

2010年，美国老牌市场营销杂志《广告时代》评选出了"世界最有影响力21位营销人"。其中，腾讯公司网络媒体总裁刘胜义是唯一一位获此殊荣的华人。

自1998年，腾讯以QQ即时通信服务商形象进入市场以来，已逐渐成长为集社交网络产品QQ空间、电子商务、多人在线游戏等全品种服务于一身的网络门户，同时也是跨国广告公司最喜欢的本土媒介。

2010年，在腾讯智慧方法论的指引下，腾讯提出了"在线精彩，生活更精彩"的亲民化主张，通过全程参与南非世界杯、上海世博会等大事件播报为亿万网民提供独有的差异化用户体验，并不断整合门户、IM、SNS、视频、无线、微博等多平台资源，采用"微互动、大曝光"的营销体系，先后为可口可乐、茅台、招商银行等众多行业顶尖品牌客户提供大事件营销场域，取得了超出预期的在线整合营销效果，凸显了腾讯在大事件营销中的独有平台价值与商业价值。

为此，马化腾在中国企业领袖年会演讲上提出："开放和分享并不是一个宣传口号，也不是一个简单的概念。开放很多时候被用作一个姿态，但是我更理解为这是一个能力。分享不是一个愿景，更多是说你如何建立一个可执行的制度，才去执行你的分享和共享。"

但腾讯的梦想显然不会停留在此，腾讯需要充分挖掘其社交媒体和社交网络的商业价值，并计划通过一场社交变革整合社会化媒体和社交网络资源，打造一个集用户、产品、技术和方法论于一体的"社会化营销平台"。

腾讯正在推进开放平台战略，领域涉及财付通、拍拍、微博、SOSO、社区等多个维度，堪称互联网有史以来最具产业整合意义的大战略。这一主张和开放战略的实施可以看作是腾讯在产业链整合与开放、共赢方面的决心，也为腾讯品牌价值在产业链和互联网行业的提升，以及腾讯在数字营销领域的继续领先、跨平台共融、整合营销奠定了基础。

腾讯的变革诉求似乎通吃了 Facebook 与 Twitter 两种模式，而推动力大部分来自忠实的用户群体。例如奥运期间，腾讯 QQ 曾与可口可乐合作推广在线火炬传递，这一社会化营销策略一下子激发了腾讯旗下的几千万用户的积极参与，带来了巨大的社会反响。

马化腾迈出的第一步是打通微博和 QQ 空间。后续跟进中，腾讯网、视频业务、腾讯搜搜都将进行"社会化"改造，包括打通流量和广告资源，打通管理平台，打通用户经营界面平台等。这样，用户在微博或 QQ 空间发布的内容，会即时同步到另外一个平台上。这在为客户创造便捷服务的同时也创造了全新的网络体验。

对于腾讯自身而言，两大平台上的社交广告，既可链接微空间，也可链接 QQ 空间，实现了内容、权限和用户后台管理的互通。同时开放 API

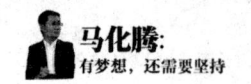

给广告主和第三方，用于数据分析和企业营销平台管理。腾讯真可谓一举多得，小改变，大受益！

全球来看，近年来，人们花在社交网络上的时间正在成倍地高速增长。其中中国市场增长率高居榜首，新浪与腾讯的微博之战也顺理成章地成为中国最具实力的两个社交战士，无论用户规模还是商业进程，双方毫不退让，步步紧逼。

对腾讯而言，要想重塑价值，打造差异化竞争力，整合所有社交平台的意义就显得格外重大。

事实上，这么多年以来，腾讯一直在缓缓进行关系链的建设，但从来没有从 B2B 的角度去看待这个事情，而是一直通过向用户收费来构筑商业模式。除了网络游戏之外，QQ 空间、QQ 会员等社区增值收入和移动及电信增值收入，在腾讯总收入中占比较大，其互联网增值服务收入占总体收入 80% 以上。所以，发布社交营销平台的意义，在于重新挖掘腾讯的商业价值。

当然，在这条探索的道路上，腾讯也不免犯错误，他们曾希望通过互联网平台去推送广告，后来意识到，在消费多元化的背景下，与消费者建立沟通要比前者重要得多，好在腾讯能够及时发现弊端和隐患，调整了战略方向。

腾讯的长远收益就是腾讯没有卖不掉的流量。这就真正体现了社交网络广告的价值。在成本上，腾讯社交广告点击成本低于业内平均数的 40% 以上；注册成本则低于目前业内平均数的 60%；引流方面，则已达到日引流百万以上。由此可以看出，腾讯的价值的确曾经被大大低估了，原来"社会化营销的未来市场空间不会亚于一个搜索引擎市场"。

简单来说，腾讯就是通过对用户行为数据的分析与洞察，去重新定义和划分用户的在线生活，通过用户需求的细分和差异化标签在品牌和受众之间建立起稳固的关联。

关系链在社交营销系统中是腾讯沉淀多年的巨大优势，腾讯多年磨砺出来的数据挖掘水平也在系统中处处彰显。目前，在腾讯内部，QQ空间和微博分属两个不同的业务系统。前者商业模式一直专注于个人用户，属于互联网业务系统，如以小额支付为途径的互联网增值业务；后者主要面向企业在线广告市场，隶属网媒业务系统，商业模式侧重B2B。这样，腾讯QQ空间和微博分别具备了Facebook和Twitter的属性和价值，腾讯也因此成为全球唯一一家拥有Facebook和Twitter合体功能的媒体公司。

腾讯品牌整合战略的升级主要来自网民日渐强大的影响力的推动。每个网民都希望借网络表达自己的思想和情感，获得共鸣，作为服务最多中国网民的互联网企业，腾讯所希望提供的就是这样一个为中国网民提供"大回响、大影响"的网络互动平台！

事实上，这也是腾讯创始人马化腾的梦想。他曾经这样描绘社会化网络的未来——公司、社会各个资源可以在需要时能通过网络信息技术快速聚集起来，完成一项任务后即立刻消散，又能够进行下一轮新的组合。每个用户、每个中小企业都可以通过这个组织，把自己的价值体现出来，并且能够从中获益。

这就是马化腾独具前瞻的眼光和决策力，也是他率先进行整合营销的信心来源。

第七章

要么吞并他人，要么等着被吞并

商场如战场，在市场的争夺战中，谁不思进取谁就会落于马下。在这个全竞争的时代，要么吞并他人，要么等着被吞并，尽管腾讯在电商领域是实实在在的"菜鸟"，但却凭借着自身的平台优势成功做到了后来居上。

社交流量＝电商流量？

与淘宝或者天猫不同的是，腾讯不是独立的电商，而是身处一个巨大的社交网络之中，这就是马化腾与其他电商最大的不同。

然而马化腾拥有的庞大用户群，只是一种资源，是流量上的优势，并不是实际收益，如果马化腾不能及时利用庞大的QQ用户资源，QQ用户就有可能转而流向其他平台甚至还有可能造成腾讯不必要的负担。所以，马化腾需要为这庞大的流量寻找一个新的变现窗口，犹如当年通过网游将亿万QQ流量变现一样，将用户资源转化成切实的收益，同时增加产品信誉度，牢牢吸引住腾讯用户。从目前的格局来看，电子商务无疑是最佳途径。

电商之于腾讯，犹如一座商城之于人流庞大的广场，在这个广场中，从进入到社交再到购物完全可以闭环完成。马化腾的腾讯公司正在做的就是建立这样一个商城，在QQ已经形成强关系链的前提下，一旦用户使用QQ，并从另一用户处获得信息而产生购物需求，让用户在广场社交或娱乐后就可以无缝隙地进入购物环节，购物车功能作为固定入口将在最短时间内无缝隙地将流量直接引入QQ网购平台。而腾讯网、浏览器、聊天窗口、QQ空间、微博等等也可以以广告触点方式成为引入流量的通道。尤其是对于内容型产品来说，从社交网络中获取流量、获取用户就变成一件水到渠成的事情。

腾讯电商控股公司CEO吴宵光认为，中国电商业发展已经过了追逐商品丰富度的第一阶段，新的行业诉求将转向更好的封闭购物体验。相比同样拥有较大流量但运营独立的电商网站或社交平台，马化腾的腾讯公司作为中国唯一一家能够将社交平台和电子商务共同运营的公司，可以充分利用上下游数据的打通为腾讯创造更多价值。

在拍拍网上,马化腾将腾讯 QQ 和拍拍完美地结合起来。这样交易双方不仅可以通过 QQ 自由交谈,还可以在聊天界面看到同一商品,使用户间的交流更加简捷和深入;在朋友网,马化腾曾试图通过购物经验分享的方式形成强关系链,进而在朋友网与电商之间搭建流量通道,但效果似乎并不明显;在微博上,其也在尝试微卖场模式,即在微博上为消费者提供一个购物的入口,对于企业来说可以通过微卖场与消费者进行品牌互动,扩大其品牌影响力。

腾讯微卖场凭借微博的转发互动功能,已加入转播降价、微团购、热门微卖场、领优惠券等多种电子商务模式,腾讯独特的营销平台带动了用户的需求。在企鹅帝国中,电商板块的权重正在提升。

作为购物导航,"美丽说"在运营推广期间除了进行针对年轻女性用户的话题营销和精准的内容推送外,还通过在 QQ 空间、微博等开放平台开发了 N 个小而精的测试类应用,巧妙吸引了很多女性用户进入了美丽说并开通美丽说账号。根据微博开放平台给出的关于美丽说的地址数据分析可以看出,平均每个地址的回流量高达 673%。

利用自身的社交网络优势,马化腾还投资了一系列 B2C 企业,如全资收购易迅,投资好乐买、柯兰钻石等。收购完成后,他开始将流量导入其中,有 QQ 号的用户每天都能收到一条指向易迅购物的弹窗信息。马化腾通过流量引入,触发下单交易;再通过腾讯旗下财付通支付;最终由仓库发货配送,形成了一个购物封闭环。

腾讯电商内部数据显示,马化腾的电商业务当时才开发了腾讯自有社交网络流量的十分之一,点击率已超过 10%。由此可见,社交网络作为口碑营销、病毒传播与传统推广渠道相比,有着很明显的优势。

经过不断的探索和布局,最终马化腾的电商业务形成了"2+1"框架,即底层为 C2C 形态的拍拍网,上层则为包含了易迅自营业务平台和

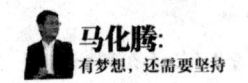

开放平台两部分的 QQ 网购平台。

互联网作为一个帮助用户获取信息的工具，在不同的阶段有着不同的作用，在门户时代用户只能被动地浏览编辑们推荐的信息；发展到搜索时代，网络用户可以通过互联网主动地搜索自己感兴趣的信息；现在社会化网络时代用户将会接收到好友以及相同兴趣的好友推荐分享的信息，点击的动力变得更大。因此，由社交流量带动电商流量是不可转变的趋势。

移动电商的困惑与纠结

尽管现在大部分的新闻信息源由过去的论坛转移到微博，阵地从静态的电脑转移到了动态的手持终端（平板电脑、手机），让信息流传的速度更快、参与人群更多。但如何根据移动互联网的特点和用户的特征，将现有商品服务整合到一个平台，满足用户和商户的需要？社交流量到底要如何转化成电商流量？

马化腾认为，近些年移动互联网给互联网造成了很大冲击，原来腾讯的内部组织架构中做 PC 的和做 mobile 的两个团队是分开的，后来发现不行，做一个产品必须要从 PC 到手机一体，才有可能形成很连贯的体验。而且随着时间的推移，用户在手机上的使用量和使用时间还在高速增长，但目前移动互联网的商业模式还是个未知数。他曾说："我们在手机上的商业模式还不清晰，这是令我们更恐惧的事情。"比如同样的品牌广告，过去网站上很多很大的广告，可在手机上很难兼容，因为手机流量较贵，不可能放一个很大的广告，而且手机这么小的终端，又很耗电。这种新的格局让马化腾感觉到未来有很大的压力。

虽然马化腾利用阿里巴巴创造的"双十一""双十二"这两个电商节

日,让微信电商成功亮相升级,微信搭载着腾讯在 PC 时代未竟的梦想,渐渐驶入了移动电商这个深水区。但现在腾讯移动电商的时间机会成本太高,理清思路,绝对比急于做要重要得多。微信对于电商半遮半掩,电商模块在微信里藏得还是比较深的。

马化腾由易迅主导的实物电商和虚拟产品位置相对突出,然而有多少人真的能找到他安排在微信里的微生活、微购物、微团购?马化腾将这三项放在了微信众多订阅号、服务号里,不刻意地去搜,还真的很难发现。

另外,虽然"微生活"和"微购物"在使用中也会引导用户关注商户的公众号,收藏会员卡,但是,商户公众号没有独立的入口,和其他各种自媒体账号混合在一起,被淹没在每天的信息流里。而且目前上线的"微购物"版本略显简单,商品选择余地少,除了一些品牌进入外,入驻的电商仅包括少数商家垂直平台。

消费者还未大范围养成手机购物习惯。所以说,尽管微信的用户量超大,活跃度超高,但就像 QQ 一样,大部分人只会用到其中的核心功能,而非核心功能都是有转化率的。电商受到的挑战和掣肘比较大,目前还处在艰难的探索期。

微信作为一款社交工具,用户期待的是好友间的交流,对于营销信息,他们是没有心理期待的。即使是促销打折,满 100 减 50,还是要自己付钱的,所以无论微信怎么强调自己不是营销平台,一旦和商务沾边,就不可能只有客服没有营销,而用户对于营销,一般都会有抵触情绪。

因此,马化腾很想借微信在移动电商里大干一番,可是,考虑到人力扶植电商有可能对用户体验造成的打击,他就不得不仔细思量。因为微信虽然很强大,但和 QQ 比,它还没有到足够安全的地步。用户在 QQ 里沉淀了很大的一张社交关系网,加上类似于传文件、视频对话一类比较重

· 127 ·

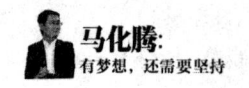

要的工具性应用，人们对于 QQ 的习惯度和依赖度比较深。所以，马化腾宁可开始落后一点，也绝不能先涉险犯错，毕竟微信犯错的后果是不堪设想的。

不过，微信电商确实做了很多有益的探索。先占据移动互联网的第一入口，解决支付等与电商相关的各种技术门槛，引入大量商家建立电商平台，然后将这些用户流量导入电商平台从而实现整个商业逻辑的成立。比如易迅运营的"精选商城"，购物流程极简，点击后直接进入购买页面，没有购物车，没有客服，买完后可以分享给好友或者发到朋友圈里去，很符合移动购物迅速决策、碎片式、社交化的特点。再比如"微生活"，给线下商户提供 CRM 管理平台，做会员管理，也有一定的效果。

但是，微信在操作上，实际上还是有一些相当大的障碍存在，微信的用户规模虽然惊人，但这些流量主要是社交流量，他们使用微信最主要的目的不是购买商品，而是通讯。而且微信电商的规模越大，成本越高。希望通过社交产品的流量来带动电商，恐怕难度很大。

虽然移动互联网正在快速发展，但移动电子商务产业链尚不成熟，新的大佬可以在快速找到和适应移动电子商务发展的浪潮中成长起来，而这是传统电商大佬的思维跟不上的。可以说这也是马化腾在电商领域里的一次重大转折点。

进军电商，防御 or 进攻？

在 2011 年年初，马化腾开始接连不断地投资，腾讯宣布成立产业共赢基金，规模 50 亿元人民币，三年内投完。在此期间，腾讯不断向外界公布对外投资成果：首先，从产业共赢资金中，腾讯拿出 5 亿元，设立了影视投资基金。然后腾讯投资 4.4 亿元人民币收购华谊兄弟影视公司 4.6%

第七章
要么吞并他人，要么等着被吞并

的股权；紧接着腾讯又以8440万美元战略投资了艺龙在线这家线上旅游公司，占股16%。

身处电商领域的人士嗅到了马化腾大举扩张的气势。在电商圈里，很多的电子商务企业都接到了来自腾讯某位高管的电话，所谈内容无外乎都是战略合作事宜。可见，腾讯也有一个亚马逊的梦想，它把电子商务业务当作是未来最重要的收入来源。马化腾以超乎想象的速度，战略入股了数家电子商务企业，包括已经对外公布的好乐买、易讯、F团等。在电商领域，马化腾开始全面出击，通过投资进行战略布局。

然而，尽管马化腾已经拥有中国第二大C2C网站拍拍网和第三方支付平台，但实际上，电子商务跟腾讯最为擅长的社区互动有着明显的鸿沟。电子商务对腾讯营收的贡献很少，电商需要有运营经验。国内知名互联网专家吕本富也对腾讯电商的战略不看好，他说，在电子商务交易过程中，支付经验、运营经验以及制定交易规则靠的是长时间的积累，腾讯的优势在于沟通和游戏，想无缝嫁接到电子商务上面还是很困难的。

虽然不被看好，但是马化腾从未减少在电商领域发展的积极性。从调整组织架构、接入支付宝、接入一号店、控股易迅网等，马化腾不断对各式电商垂直领域进行试探和尝试，努力积累经验，凭借自身流量的优势和技术能力逐步建立起流量分配的生态系统。这家缺乏电商基因的互联网"巨无霸"公司向业界展示着它已经做好了投身电商"硬仗"的准备。此前腾讯的拍拍一直都没有对淘宝形成制约，但是腾讯的自身成长需求又需要公司找到更大的市场，所以电子商务是腾讯将来要重点发展的一个领域。

好乐买在进行第三轮融资时，在正式商谈中，马化腾亲自与好乐买的创业团队进行沟通。马化腾带来的除了诚意外，还有腾讯在电子商务领域新的构想，深深打动了好乐买的创始人。仅仅三天的时间，腾讯就与好乐达构成签约意向。可以说,马化腾以最快的速度在电子商务领域进行布局。

在电子商务领域,腾讯就像是一头沉睡的狮子,只要战略得当,再对腾讯旗下业务进行整合,马化腾的电子商务必将是一股不容忽视的力量,因为腾讯拥有其他电商难以匹敌的营销宣传入口,它的核心价值在于用户和社区,这对于竞争惨烈的垂直B2C而言有很强的吸引力。

在对电子商务领域的进攻中,马化腾还对电子商务业务的内部组织架构进行重组,机构更加复杂全面的电子商务业务线取代了原来的电子商务部。而且还对中、高层管理人员的职位进行了变动及内部人员的调整。由电商运营部全权负责此前的电子商务部门的所有功能。生活服务作为腾讯电子商务的一个重要组成部分,与虚拟服务电商部共同聚焦在充值缴费、网游道具、保险与健康、团购、旅游、电影等的垂直领域,成为它们的核心业务。

原来腾讯一直专注在互联网领域,现在通过这些组织架构的重整,我们可以看到马化腾未来的侧重点:大力投入电商,积极发展电子商务。因为电商有着其特殊性,它需要与线下的物流、商品等有更好的结合,具有很强的专业性,腾讯的拆分运营可以让自身的电商战略有更大的空间来进行运作。

马化腾的初步目标是在各个品类的垂直电子商务平台中都选择一家进行投资,构建一个B2B2C的巨型电商平台,这将是一个封闭开放的平台,仅是对其所投资的平台开放,腾讯将对它们给予全力的帮助和资源支持。而被投资的B2C也无须担心腾讯的强力控制,能够继续拓展其自有的其他销售平台。

马化腾在2013年宣布:腾讯将为独立运营的腾讯电商控股公司投入10亿美元,以帮助腾讯电子商务业务在未来更好地打造面向消费者的服务能力,构筑新一代电子商务开放平台。此次投资显示了腾讯集团长期耕耘电子商务的决心，未来腾讯电商将会以更加灵活的机制应对市场挑战。

马化腾将会更大力度加大对 B2C 垂直类目的投入，通过端到端的体验打造优质用户口碑，从而带动优质商户打造新一代电商开放平台，实现"B2C+ 优质商户开放平台"的新一代电商开放平台的格局，打造出简单、可靠、低价、优质的网购体验。对于腾讯电商平台上的商户和合作伙伴，马化腾将会以更加专注、灵活和创新的模式与其实现共同成长。对比此前电子商务领域公开的投资金额，腾讯为电商控股公司所投入的 10 亿美元已处于行业领先水平，由此也可以看出腾讯对于电子商务的战略重视程度。

以传统信息娱乐带动的互联网产业将会被转化为发展电子商务平台，是互联网产业发展的趋势。从娱乐到信息还有沟通，腾讯都做到了，唯独电子商务还没有找到最好的模式进入，这次，是马化腾的又一次大的探索。在一系列不动声色的投资和改革后，腾讯电商控股公司将继续关注行业中的新兴公司以及电子商务领域的投资机会，加大行业投资力度，不断强化电商开放平台为合作伙伴提供更好的合作环境，进而达到实现产业升级，推动整个行业发展的目的。

让"微信"成为一种潮流

微信从诞生至今，以它强有力的社交功能，让微信成为中国移动互联网最大入口之一。当手机在生活中发挥着越来越重要功能的时候，国人的购物方式当然也在发生着巨大的改变。马化腾从微信的用户黏性中看到了商机，在微信 5.0 发布后，又增加了许多新功能。除了扫一扫功能的强化、公众账号的变化、收藏功能等，微信也强势推出微信支付功能，开启了微信支付时代，腾讯将努力把使用微信包装成一种潮流。

在电商领域不断调整战略模式的马化腾，继易迅、QQ网购和拍拍网后，他又利用微信的朋友圈力量，构建另一个电商平台。"微信"成了腾讯电商逆袭的一个重要产品，而微信已经开始凸显其构建新的电商平台的潜力。微信在强调不是营销平台之后，给自己蒙上一层电商平台的面纱，网游、O2O业务和应用产品，将成为微信商业化的"三驾马车"。商家在应对市场风云变幻的过程当中，也悄然地改变了百姓的购物方式。

微信移动支付的落地形式将是与腾讯旗下支付平台财付通进行合作，财付通的移动支付功能将作为微信支付的手段。在财付通成立十周年会上，财付通总经理赖智明表示，财付通将与微信和腾讯电商等业务进行深度合作。在赖智明看来，微信包含社交、移动、娱乐、商务四大功能，为"支付"培养了良好的土壤。依靠微信营销很容易将老用户规模扩大，因为微信相较QQ、短信拥有更便捷、更具黏性的社交优势，是财付通与微信合作的关键。

这种"病毒式"传播效应已在微信用户积累上体现出来了，许多人都拥有装载了微信的智能手机，通过微信，用户在购买了商品后能第一时间在好友圈分享，能一次性做到点对点地推广。赖智明说："微信上线433天，积累了1亿用户，速度是Twitter、Facebook的4～5倍。"所以财付通开始正式与微信的合作，宣称把微信和财付通捆绑在一起，有针对性地开发各种支付方式，这样微信用户可以通过腾讯旗下财付通完成支付环节，或通过财付通平台使用银行卡直接支付，整个购买和支付过程均在微信内完成。

目前，微信支付可以分为扫码支付、APP内支付和公众号支付三种。如自动售货机运营商友宝与微信的合作就是扫码支付，在自动售货机里

第七章
要么吞并他人，要么等着被吞并

每件商品都对应一个二维码，只要用微信扫描这个二维码，就进入了微信支付页面，输入支付密码完成支付后，售货机就会自动弹出商品。与微信进行APP内支付合作模式的是大众点评，用户可以在大众点评的手机客户端上直接通过微信支付购买团购券。此外，各种微信公众账号也可以接入支付功能。首个开通此功能的公众账号是麦当劳，用户关注麦当劳公众账号后，可以通过其提供的链接打开"麦当劳茶点卡"的详情页，利用该电子会员卡可以在规定日期前享受一定优惠，并且支付是在微信内完成的。

微信支付未来的能量很大程度上取决于财付通的能量。一旦微信支付做起来，从账号绑定到虚拟会员、促销、支付等，微信可以直接做腾讯系统的商家，同时商家也可以借助微信平台做推广。事实上，微信并没有特别刻意去推"微信价"，但是商户在合作过程当中对微信价非常感兴趣，所以现在很多接入微信支付的电商，都会把微信价作为一个重要的卖点去推。

马化腾通过微信将商家、会员权利、优惠券、支付整合在一起，无论线上网购，还是线下逛街，微信用户都可以通过微信中的扫一扫功能识别实体商品，并接入到电商平台进行购买，即可轻松完成交易付款。用户通过微信直接向商家好友转账，会员权利和优惠也可以一并完成。此功能的加入或将给腾讯电商平台带去流量的同时创造更多的交易量，微信支付的逐步实现让未来其落地的商业形式充满想象。除此之外，还有转账功能，通过微信用户可以点对点地向真实好友转账，这一功能的应用场景可以是AA制的集体活动等。

利用微信支付，马化腾将用户资源进行了高度整合，这一举动引起了新一轮支付浪潮。最重要的是，微信通过将银行卡、信用卡与微信账号绑定，用户每次刷卡消费后就会收到一条微信，此外用户还可以通过微信查询信用卡账单，简单便捷。

还有，当用户在 PC 上完成整个购买过程后，会针对产品的物流进行不断地查看，通过登录物流网站我们可以清晰地掌握这个商品的流程。然而在微信里，所有的通知流程都会在微信公众账号内完成。比如当用户购买完产品，微信会发出通知"已经购买成功"；在商家打包出库后，微信会及时地通知用户产品已经"打包了，马上要出货了"；而且在商品快到达时，微信会及时提醒用户"明天会安排送货"，大概什么时候送，是谁送，快递员的名字和联系电话都会被微信发送到用户的微信消息里，给用户一种安全感。

实际上，微信的价值在于提供一个开放平台，目前手机充值、购买电影票、彩票、商品券、收看互联网电视付费节目、图片打印、购买咖啡等功能都已经可以通过微信实现，几乎可以实现所有的互联网服务应用。微信通过二维码、商家卡片、微信支付打造出了属于自己的完整的商业闭环。

尽管微信和腾讯电商从表面上看相互促进，但在实际操作中，也有可能面临诸多困难。如移动端屏幕变小，且没有 PC 屏幕上那么大的面积放广告，一旦追求广告，用户体验方面就会产生很大影响，从而影响用户黏度，因此腾讯需要更多思考商业模式的创新。对此，马化腾利用微信尝试新思路，如和一些商家合作推广语音销售，用户可以直接对着手机说出并找到自己想要的商品；财付通将与微信摇一摇功能结合；二维码扫描与支付结合，可实现"即拍即买"，拍摄商品二维码可进行购买和支付；微生活会员卡可获得商家优惠，并可及时支付，免去了定位、排队等环节。微信在腾讯的创新下，让用户的生活更加便捷。

而且，微信创新速度已经超越了欧美的同类产品，如开放平台、商业模式的嫁接、朋友圈、音乐等社交功能，这些都是腾讯自己的创新，与原有产品有了很大区别。

从微信的会员卡到平台的开放，再到公众平台，马化腾在不遗余力地进行全方位的摸索。因为微信做支付是马化腾的微信商业化和电商策略的重要一步，微信承载了腾讯未来在移动端和线下业务拓展的任务。

微信作为时下最热门的社交信息平台，也是移动端的一大入口，正在演变成为一大商业交易平台，其对营销行业带来的颠覆性变化开始显现。尽管微信等移动应用的电商化尝试，在腾讯内部看来还只是在布局和摸索过程中。但马化腾欲借移动互联网后来居上，已呈开弓之势。伴随微信支付功能的开通，微信的公众平台成为线上支付、线下服务连接的载体，从而改变着人与外界的联系。微信支付不只是支付，是支付行为带来的信息触达，社交网络的扭转和对用户的深度关怀。

互联网将改变每一个行业

互联网与传统行业的深度整合，成为商业的发展创新模式。近年来，我国传统企业进入 B2C 电子商务的趋势也已经越来越明显，并且发展迅猛。马化腾认为，电子商务在促进企业创新模式、提升核心竞争力等方面，作用日益展现。腾讯在即时通信和互动娱乐的成功已经不言而喻，但在电子商务，它仍然有着相当大的成长空间。

互联网不仅提供了平台与工具，其几乎零成本的初创模式与广阔的市场空间成为传统初创企业的孵化基地。受金融危机影响，越来越多的中小企业开始使用交易成本低廉、交易渠道广泛的第三方电子商务平台，这使电子商务渗透率迅速上升，应用范围不断扩大，服务领域不断扩展。移动互联网、云计算、物联网等网络新技术、新应用、新平台不断涌现，为互

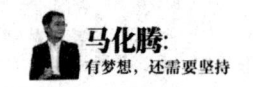

联网与传统产业的融合提供了更加便利的条件，"互联网＋传统产业"的模式日益成为新一代互联网创业者的捷径。

如今大多数人都在使用搜索引擎、网上银行、在线交易、网上招聘、上网浏览资讯、即时通信、网上视频、收发邮件、网上电子书、网络游戏等业务，人们的上网用途和上网目的呈多元化发展趋势，人们认为互联网的确能给自己在生活工作带来更大的便利。互联网所创造的"在线生活"与传统产业正在加速融合，互联网已日渐成为中国人沟通、联络、娱乐、咨询和交易的主要媒体。在这种多元化应用的环境下，展望互联网产业的发展，深度整合将成为一个趋势。马化腾认为趋势主要体现在三个方面：

第一，整合体现在应用层面。腾讯在传统资讯服务的基础上，延伸到无线服务、game portal等领域，利用即时通信工具对于用户的黏性，推广腾讯门户上的网络硬盘、在线新闻广播、音乐点播等新的应用。在文化产业领域，腾讯的网络游戏、网络动漫、网络音乐、网络影视等数字文化产业的迅速崛起，大大增强了中国文化产业的总体实力。

腾讯与传统产业的深度整合构筑了一个以用户需求为导向，由电信运营商、IT产品制造企业、广大互联网增值服务企业共同参与的资源共享、优势互补的互联网产业价值链，以求共同做大做强这个市场。

第二，整合体现在商业模式上。互联网与传统产业的结合逐步渗透到了传统企业开发、生产、经营和售后服务的各个环节。现在许多企业的应用重点由开始的发布产品服务信息、企业新闻，通过腾讯应用平台开始向接收用户订单、网上采购、网上销售等商务活动转移，而且企业间、企业与研究机构间网上联合开发研究、设计、生产的应用也明显增加。

为了构筑这一平台，马化腾将旗下拥有QQ网购、QQ商城、拍拍、易迅等多块业务的腾讯电商在组织架构调整中，单独拆分为腾讯电商控股公司（ECC），目前的架构主要是包括负责B2B2C平台搭建的电商平台部、虚拟服务电商部、生活服务电商部等共计 13 个部门。

马化腾对此的看法是：电商完全不可能靠自己的力量做起来。"我们看到这个产业链比我们过去所看到的新的业务产业链更长，如何更有效地管理电商的物流、仓储、线上人员和线上业务，一定要靠传统产业合作伙伴合作才能成功。"

第三，整合体现在社会责任上。腾讯网络与社会正确文化导向的深度整合趋势明显。网络的传播功能具有媒体特征，其覆盖面巨大，而其所具备的文化导向是吸引人们眼球的真正奥秘所在。目前活跃在互联网上的用户多是自我防护意识和自我控制能力都比较薄弱的青少年群体，因此，只有将正确的文化导向和价值诉求与互联网的内容建设高度整合，互联网的发展才有出路。腾讯作为肩负社会责任感的网络巨鳄，一直在积极开展"营造健康网风"的活动，营造积极、向上的互联网坏境。让网络将真正变成涵盖人们物质生活和精神生活的各个方面，能全面展示人们生活元素的平台，使整个中国互联网产业朝着更好的方向发展。

腾讯通过与传统产业的整合，构造出了一个全新的在线生活社区，可以服务更多的用户数量。更为重要的是，在此基础上，可以扩展更广泛的网络增值业务，满足并实现更多的用户需求。对于互联网对传统行业的影响，马化腾提出是一种"颠覆"。他说："有了互联网，每个行业都可以把它变成为工具，都可以升级服务。有人称之为改良，我觉得改良肯定不行了，一定要有颠覆。"腾讯网络与传统行业进行深度整合后，它可以在任何时间、地点，用任何终端、任何接入方式通过网络满足人们的各种需求，是一个全覆盖的生活平台：浏览资讯可以去门户"QQ.com"，社区用户可以去"QQ 空间""QQ 群"，视音频爱好者可以使用"QQ 直播"和"QQ 电台"，玩网游可以去"QQ 游戏"和腾讯其他的大型 MMOPG 游戏，网购达人可以去"QQ 网购""拍拍网"等。

腾讯通过在线营销，帮蒙牛的QQ宠物酸酸乳卖掉了77万瓶；通过3D QQ秀的兑换，腾讯为可口可乐带来了至少1500万瓶的销售量。通过精确定向技术和各具特色的社区化互动平台，"腾讯智慧"还帮助大众汽车、诺基亚、摩托罗拉、英特尔、迪奥、建行手机银行等众多品牌获得了成功的营销体验。

因为腾讯有100多个产品和业务可以实现B2B以外的全部互联网功能，可以有效地分析用户习惯，做到精确掌握用户需求，进而找准目标客户，带动传统产业的发展。在2010年的交易业绩上，当当是25亿元，亚马逊24亿元，后来者凡客也达到了18亿元，麦考林从原来做门店营销逐渐发展到做时尚用品，也达到了7亿元。

互联网这种新的方式给传统产业带来了很大的活力，也让很多传统企业受到很大的刺激。互联网与传统行业的深度整合，将最大程度地激发服务模式、商业模式以及生产消费模式的创新发展，从而形成巨大的新兴市场，催生出新的产业链和产业集群，在创造新经济增长点的同时，又通过不断刺激新的消费服务需求产生，进而带动信息消费市场快速扩张。因此，马化腾说："互联网改变了音乐、游戏、媒体、零售和金融等行业，未来互联网将改变每一个行业，传统企业即使还想不出怎么去结合互联网，但一定要具备互联网思维。"

抓住用户就是抓住商机

2013年，马化腾的腾讯公司公布了第三季度综合业绩：总收入、净利润分别为155亿元和38.7亿元，同比增长34.3%和19.6%。业绩显示，微信月活跃账户数增至2.719亿，猛增124%。而第三季度的QQ服务月活跃账户数为8.156亿，比上一季度下降0.4%，比上年同期增长4.0%。由于受QQ用户活跃度下降的影响，"QQ空间"月活跃账户数为6.233亿，与上一季度相比下降0.5%，比上年同期增长5.1%。"QQ游戏"平台同时在线账户最高为820万，与上一季度相比下降2.4%，比上年同期下降12.8%。增值服务付费注册账户数为8900万，与上一季度相比下降9.8%，比上年同期下降17.2%。

由此可看出，抓住用户就是抓住商机，"流量"是决定一个企业成败至关重要的因素。对于多数的互联网企业来讲，要想在激烈的市场竞争中突围，靠的就是用户量。尽管腾讯在以QQ为圆心的半径上成功打造了QQ空间、QQ游戏、QQ音乐等一系列衍生品，但移动互联网的快速崛起已经开始对马化腾的传统PC业务产生冲击。

移动互联网的赢利比的是覆盖人数，用户数。用户越多、越强悍，越有商机。1亿用户，10个里面贡献1元钱，就是1千万元，没有数量就没有一切。微信为什么会发展这么快？原因并不复杂，四个字：简单、好用。而且腾讯副总裁、微信创始人张小龙也执着一条原则：越简单，越好。

微信的产品迭代非常迅速，每一个版本都给用户带来更多新鲜好玩的体验，简单好用的微信事实上已经改变了人们的通讯交往方式。给张三发短信，没有回音，但加他的微信，分钟之后他立刻有了回应。"对着手机屁股聊语音"已成为当下的时代特征，不论是年轻人，还是中年大妈大叔。产品最终是什么，由用户说了算。

其实，微信并不复杂，仅仅是洞悉人性而已。微信就是消息系统，它的核心就是人和信息，他们在系统里流转。所以微信的开机画面永远是一个星球和一个孤独的人，孤独的人类个体，沟通是最本质的核心需求，微信就是要满足这个需求。

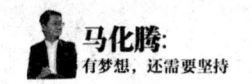

有了几亿用户的微信，活跃度如此之高，自然也成为创业者发掘商机的金矿。微信的商业化，既有马化腾谋求移动互联时代话语权的需要，还有众多"食客"的推动，在不违反极简原则的情况下，满足更多用户的需求，商业化必将是微信的转折点。

最初的两年，腾讯与马化腾给了微信从容的自然成长空间，任其在纯粹的产品理念下满足用户。微信步入新的发展阶段：商业化后，生活服务电商和游戏平台将成为微信最主要的盈利来源。

关于微信商业化，马化腾让微信成为一个平台，开放API接口给第三方应用，使得用户间可以通过第三方应用分享图片、音乐和视频，正式迈出了开放的第一步。马化腾表示，"打造一个开放平台、一个产业链，让更多的开发商能够获益。"微信有一个非常好的基础架构，在这个基础之上，加入新功能非常灵活，可扩展性很强。

谈到商业化，马化腾希望它能够在平台性方面走得更远，它真的成为一个很好的移动互联网的基础设施，可以为整个业界提供很好的一个通讯开放平台，让所有的第三方都能够把他们的有价值的应用通过这个平台来接触到更多的用户。他希望让更多第三方应用能享受微信的整个通信基础架构和社交，在移动互联网平台上获得收益。

微信承载了马化腾太多的预期，也承载了外界创业者太多的预期。虽然在微信上面增加任何东西，他都会很谨慎，但驶入商业化轨道的微信，被寄予太多期望的微信，能否在商业价值与用户体验之间达成平衡？微信商业化过程中必然有很多技术产品与商业的博弈，这个时候就需要领导人有强大的定力，坚持自己的方向。微信的商业化正逐步开始，当人们潮水般涌向微信平台，如何把控微信上的信息流，如何有效监管第三方应用，这无疑将是微信商业化之后的巨大挑战。

微信的一次次改变，让创业者不断惊呼。这种种表示，微信营销没有想象中的容易。对此，马化腾想得比较清楚："对于用户怎么利用微信平台来发展自己的商品，我们不干涉，只要保持平台的有效秩序，因为有很多用户的产品营销方式很有创意。对于一些比较恶意的用户我们会取消他的资格。至于微信最终会演变成什么样，我们还不是很清楚。"所以，目前来看，开始商业化的微信其实正处在一个转折点上，对马化腾而言，控制得好，微信将继续高速成长。如果对平台监管失控，用户体验下降，用户的流失同样也很快。

第八章

三面出击，全力攻占网络支付领域

在第三方支付领域，支付宝压倒性的市场份额是大家有目共睹的，尽管支付宝的市场份额已经占到了50%，但腾讯依然决定进军网络支付领域，并以微信支付、QQ支付和财付通为主力军，力图与支付宝一决高下。

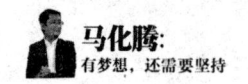

你有支付宝，我有财付通

在全球经济发展步伐逐渐加快的新形势下，网络支付工具在网络社会中扮演着重要的角色，成为资金支付和结算的一种不可忽视的载体和平台。随着网络支付工具越来越多，对于资金的支付也提出了各种各样的要求，第三方支付平台成为了解决资金流通的主要方式，因此在第三方支付市场展开了一场争夺战。凭借着庞大的用户群，马化腾开始试水平台战略，正式推出专业在线支付平台——财付通，叫板马云的支付宝。现在互联网的两大巨头又开始在第三方的在线支付领域进行排位竞争。

腾讯推出的财付通与支付宝功能相同，同样是帮助在互联网上进行交易的双方完成支付和收款，同时又致力于为互联网用户和企业提供安全、便捷、专业的在线支付服务。

虽然除了门户、即时通信等主营业务，腾讯还经营着游戏、搜索等多种项目，分摊在电子商务上的精力并不多。而且按交易额来算，财付通排名第二，份额为20%，次于阿里巴巴公司的支付宝。在第三方支付的格局中，支付宝和财付通分别依靠淘宝和腾讯这两大"巨头"的资源，都拥有用户黏性高、新用户转换成本低的优势。在淘宝购物的用户会使用支付宝付款，而在腾讯注册的用户通过QQ钱包可一键转化为财付通用户。

财付通在2006年就开通了网上手机话费充值的应用服务；2007年相继与南航、海航、深航、东航等多家国内主要航空公司达成合作，实现了航空支付。此外，财付通还与国航达成合作，完成了国内三大航空公司的支付接入。

在与银行、电信运营商等方面的合作上，财付通也是"一个都没有少"。财付通支持全国各大银行的网银支付，用户也可以先充值到财付通，享受更加便捷的财付通余额支付体验。紧接着支付宝推出了"快捷支付"，即用户无须开通网银，只要在支付宝端输入姓名、卡号、身份证、手机号信息等，与银行留下的信息一致，再通过发回的动态密码即可轻松完成支付。支付宝的这种服务，类似"网关"服务，它主要通过从收款的商户中按比例收取佣金，然后再与银行分账。而财付通推出的应用平台，强调对用户个人生活的服务。

2010 年，财付通通过改头换面出现在了 QQ 客户端上，这次它不再只围着拍拍网转，而成了一款类似苹果模式的应用平台。财付通的入口在 QQ 钱包之中，只要点击面板，便进入了财付通的客户端。财付通与中国联通展开合作，应用平台的支付渠道可以使用财付通及财付通所提供的网银和信用卡。在大家实力相差无几的情况下，很大程度上第三方支付公司功能的多样化将决定市场竞争的成败。财付通推出的开放平台，创新功能为未来的竞争增加了筹码。财付通以生活服务类的应用为主，这种服务与以前直接贩卖商品不同，用户黏性较高，而且价格适中，用户使用率较高。

随着马化腾对财付通的加大投入，腾讯的支付市场不断扩大。腾讯在 2011 年 9 月底通过支付平台财付通宣称与美国运通公司开展合作，公司为在线支付用户提供跨境网上支付服务。作为国际著名旅游、综合性财务服务公司，美国运通在信用卡、旅行支票等领域占领先地位。财付通宣布和美国运通合作，标志着腾讯进入跨境在线支付服务领域。

马化腾推出的新支付代购平台，不仅使得国内的用户能够通过人民币跨境结算支付，就能购买到美国产品，也反映了第三方支付领域内两巨头在第三方支付上的竞争。深入挖掘市场和用户需求，探索新的细分市场和新的产品，走差异化发展道路已经成为第三方支付企业发展的关键，此次财付通与美国运通的合作正是财付通进入跨境支付这一细分市场的标志。马化腾这一举措为财付通客户提供了良好的国际购物体验，同时也提升了

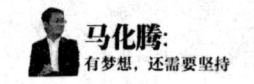

财付通用户黏性，有助于提升财付通的交易规模，拓展财付通的国际支付业务。无论是那些热衷海购还是对此一无所知的用户，这都是一项有着极大诱惑力的业务。

另外，马化腾还与日本恒生进行了战略合作，后者成为财付通境外支付业务的海外代理商，财付通打通了两个最受国内消费者青睐的海外代购市场。在财付通走出中国市场的背后，是马化腾的电商公司为应对来自马云的巨大压力所作出的必然选择，无论付出多大代价，腾讯也必须将这一平台做好。

其实，腾讯海外业务扩张也只是马化腾巨大增长计划中的一部分。腾讯每年都会向员工"派利是"，然而在2013年，腾讯员工除了能在现场领取红包外，在微信上还收到一个微信红包贺卡，点进去会看见200元的现金利是，自动充入财付通账户。看上去的一小步，却很可能是一大步。这一个细节，意味着微信和财付通已打通，将引发与占据市场主导地位支付宝与财付通之间的博弈，毕竟微信承载着腾讯移动互联网称霸之梦。因为未来是移动互联网的时代，而微信，就是互联网巨头腾讯拿到的移动互联网"船票"。

二维码叫板声波支付

不找零、没假币、能赚钱的移动支付成为2013年的一大热点话题。马化腾和马云的斗争在移动支付领域也由暗转明，不断升级。阿里巴巴前脚推出"声波支付"杀回线下，腾讯便高调展示微信支付的全面落地。微信支付包括公共平台支付、二维码支付、APP内支付，其中线下支付主要是靠扫描二维码，使花钱这件事变得很有技术含量。

虽然在支付领域没有马云入门早，但马化腾依然有着自己的方式去冲击这位支付领域的老大哥。如何更便捷、安全地让用户进行交易，成为腾讯做支付软件的头条原则。一种支付方式满足不了用户不同的支付场景，马化腾就多线出击，让用户体验随时随地都能轻松付款的快乐。

马云的"声波支付"最先落地北京，给自动售货机安装了"声波支付"功能平台。用户只需打开手机中的"支付宝钱包"，按照自动售货机中给出的提示对商品进行选择，然后再点击手机软件中的"当面付"选项，等出现确认付款按钮后，利用手机靠近感应器，就可以拿到自己想要的商品。由于声波不涉及金额、账户号等信息，所以用户不用担心会泄露个人隐私。另外，声波支付传递的超声波是一串随机生成的交易号，有效期只有 5 分钟。

你支付便捷，那我就便捷中再加创新。马化腾的微信线下支付将"二维码"进行到底。随着智能手机的发展，智能手机的网上支付功能和二维码技术很好地结合在了一起，拍摄商品二维码可进行购买和支付。在推出微信支付后，马化腾在广州举行了首次"微信·公众"合作伙伴沟通会，每一个展台前都放着一个大大的二维码易拉宝，二维码扫描与支付结合，可实现"即拍即买"，吸引了大家的眼球，在场的用户纷纷拿出手机进行扫描体验。这种新鲜的支付形式，也引起了一阵旋风。

腾讯研发的二维码是用某种特定的几何图形通过一定规律，在平面分布的黑白相间的图形中记录数据符号信息的。这种图形可以将使用者的账户、商品价格及其重要属性等信息，编码成二维码，并在报纸、杂志、书刊等平面广告上印刷，用户通过扫描二维码以读取用户信息、商品信息等。只要用户绑定银行卡然后扫描商户给出的二维码，即可完成付款，这一切让交易变得更简便、快捷。

同时，还可以利用二维码扫描进行充话费、买咖啡、印照片、买零食、遥控空调电视等，几乎覆盖了生活的方方面面。比如用户在商场里看上了中意的衣服，无须到付款处排长队，只要打开手机登录微信，对准二维码进行扫描，在网络环境好的情况下，10秒钟即可完成整个支付过程，这与支付宝的便捷相比丝毫不弱。马化腾对二维码功能的看法是：只要二维码足够丰富，那么微信支付就能够将线上与线下顺畅连接。

另外，从使用途径上来讲，利用扫描二维码付款和声波付钱有着异曲同工之妙，一个是用声波识别收款账户，一个是用摄像头拍摄收款账户。不同的是，二维码可以被打印下来四处张贴，对商户来说更为方便和成本低。所以，除了个人之间的转账，二维码扫描支付也成为很多商户收款的首选，进而也推动了用户使用它来付款。

在一些城市，还出现了许多出租车司机将自己的账户信息通过二维码的形式贴在车内，只要用户利用摄像头拍摄，就可以将打车费转账到司机的账户内。由此我们可以看出，在O2O市场，马化腾利用微信支付搭建了一个平台，让商家来主动拥抱微信的二维码，更是想让用户习惯使用微信二维码。

二维码之所以能兴起，主要是因为有自己的特色：首先，技术比较成熟。二维码在国外发达地区已经有了成熟的技术手段，这为腾讯的二维码技术发展奠定了基础，开发起来比较顺利；其次，二维码使用比较简单。只要用户在手机上安装了微信客户端，其中会有二维码扫描这一选项，在有着二维码的地方简单刷一下即可完成交易；再次，支付比较便捷。使用二维码支付，商家不用承受货到付款等高成本的支付，而消费者也可以随时随地进行支付。最后，二维码的支付成本低。由于二维码的技术成熟，加上移动设备比较普及，让二维码的支付成本变得很低。

随着微信的大力推广，腾讯在各大城市地铁广告窗、站牌上增设了二维码虚拟店。由此可见，二维码的支付市场前景比较乐观。然而，在以二维码为入口的O2O领域，腾讯希望通过二维码识别，为商家和用户提供点对点的、熟人形式的SNS，但微信的核心在于社交，马化腾不会将二维码作为单一的功能来研发。所以二维码不只有支付功能，还可以作为优惠券、会员卡来使用，这是声波支付所不能比拟的。

2013年10月，腾讯还推出了移动生活电商O2O产品——微生活会员卡X1版本，它主要是以二维码为入口连接消费者与商家，整合了闭环移动CRM（客户关系管理）、微信自定义菜单、移动客服、微信支付、手机QQ优惠券平台等五大核心功能。消费者只需扫描商家的二维码即可享受店铺的各项优惠。

APP拉动腾讯虚拟产品线

随着智能手机的普及，目前国内各大电商均拥有了自己的APP客户端，这标志着，APP客户端的商业使用，已经开始初露锋芒。如今，APP已经不仅仅只是移动设备上的一个客户端那么简单，随着移动互联网的兴起，越来越多的互联网企业、电商平台将APP作为销售的主战场之一。APP给电商带来的流量远远超过了传统互联网的流量。

在APP市场，马化腾的战略布局已经开始显山露水：千万元级别收购魔乐软件、千万元级别投资乐蛙科技，加之一直在开发的各款APP，可见马化腾的意图。腾讯上线的APP领域涉及了社交、工具、新闻、商务、生活、娱乐、游戏、音乐、图书、美食、导航等众多领域。

对创业者而言，一款APP可能是其创业的全部。对腾讯而言，每款APP同样重要。从某种意义上讲，所有APP汇聚成了腾讯在移动互联网领域的一盘大棋，通过APP进行盈利也是腾讯电商平台的发展方向，而且马化腾还通过APP拉动了腾讯在移动领域虚拟产品线的增长。

在腾讯的收入中，有一个模块一直是属于腾讯独有的，那就是基于腾讯庞大用户的增值服务，也是腾讯的虚拟产品。在PC互联网，腾讯就发

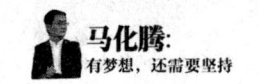

展了大量的虚拟产品，QQ 秀、Qzone、QQ 宠物、QQ 会员等等这几个服务，让腾讯的各种虚拟商品交易量直线上升，QQ 用户平台人气渐旺，腾讯 QQ 的虚拟空间也变得日益繁华，形势一片大好。

如今，移动互联网盛行，马化腾同样也把 PC 网络里的虚拟产品复制到了这里。像 QQ 头像、Qzone、QQ 宠物、QQ 会员等等，都可以在移动客户端使用，不仅仅是每天能增加大量的流量，更重要的是由于手机移动终端的便捷，为腾讯积累了更多的用户，同时还带动了腾讯的虚拟产品线的发展。因为，QQ 在线超过一半是来自手机终端，另外，QQ 空间方面每天上传图片超过 2 亿张，高峰期超过 3.6 亿张，其中超过 53% 的数量来自手机终端拍摄的照片。而且在便捷上，用户更愿意选择移动互联网，它能让自己随时随地娱乐、社交、购物、游戏，尤其是在 APP 里的游戏，吸引了大量的用户来体验。马化腾表示，PC 互联网是 WEB 为王的年代，而移动互联网则是 APP 为王。

据来自 App Store 应用商店的统计数据显示，2012 年，腾讯的"节奏大师""天天星连萌"以及"天天爱消除"三款游戏已上线，QQ 微信游戏已经牢牢把持国内 iOS 免费榜前三名位置，而后两者在上线后 10 小时内便登上该榜单首位。这三款游戏在被接入 QQ 和微信之后还相应地添加了好友排行榜，这种方式比以往的在线排行榜系统更能够刺激玩家的竞争意识。新奇的玩法、方便的操作、排名的刺激，让众多手游用户欲罢不能。

虽然这是腾讯开发的免费手游，但其中不可避免地嵌入了虚拟产品。在游戏中，玩家不仅可以通过好友获得额外的游戏次数，还可以使用游戏币购买更多的增值道具，增加游戏次数。每个人都有一颗好胜的心，即使不是游戏达人，也会有那么几次想要超越对方的冲动，更别说那些热衷于游戏的人，基于腾讯的庞大用户群，不难想象这些虚拟产品所带来的盈利有多可观。

马化腾说过，移动互联网是产品为王的时代。虚拟产品一直是腾讯的一项重要盈利部分，凭借着强大的用户群，腾讯的每一款APP，都能引起一阵潮流，也带动了它的虚拟产品线。但随着APP产业体系引入到移动互联网中，市场对于APP的要求也越来越高。马化腾表示，APP里大量同类的应用能够脱颖而出的关键往往并不是它的功能，而在于交互设计是不是足够有创意。如果产品受欢迎，就要有一定的方法进行付费或者是广告的收益，因为开发者看重的还是它所带来的盈利模式。

在这个新旧更迭飞快的网络时代，没有一招鲜吃遍天的优势，我们只需做到微创新就能获得新的转机。腾讯做得最多的就是将拿来的东西，加点不一样的佐料，让它变得更适合现在的用户需求。所以，尽管大家在APP领域争夺地盘，腾讯总能找到自己最适合的位置，让用户眼前一亮，进而吸引越来越多的关注，同时也给腾讯带来商机。

对于APP，马化腾这样描述："如果5至10秒内不能抓住用户，就会被迅速删掉，如果抓到了，用户就会很满意，并且会很快在朋友圈里流传。"APP除了要满足用户的需求，还要有新的亮点。一些用户体验不错的APP会让用户的忠诚度、活跃度都得到很大程度的提升，进而对企业的创收和未来的发展起到关键性的作用。因此，腾讯在决定对一个产品投入大量资源之前，会看产品的留存率。只有留存率达到一定指标才允许进一步开发。

你敢付，我敢赔

支付服务最基本的底线是安全，网络支付最核心的诉求是便捷。2013年8月，马化腾的微信发布5.0版本并推出支付功能，彻底颠覆了掌上支付的体验。在安全环节，微信支付更是极端重视，层层防范，使便捷、安

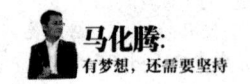

全成为其横扫市场的独门武器。微信支付使用了大量技术手段，基于大数据和云计算的全方位的身份保护，严格防范和应对手机被盗的情况，并通过安全网址库、安全联盟、信息提示、用户教育等方式防范钓鱼网站和欺诈行为，最大限度保证用户交易的安全性。

而且微信支付还设置了包括硬件锁、支付密码验证、终端异常判断、交易异常实时监控、交易紧急冻结等在内的一系列安全机制来确保用户资金安全。马化腾表示，微信支付是目前市面上最安全的移动支付工具，几乎没有发生过任何损失。要知道微信支付后台有着腾讯的大数据支撑，海量的数据和云端的计算，因此微信支付完全能够及时判定用户的支付行为存在的风险性。

然而，通过硬件来保证手机支付的安全，让很多用户并不买账，认为微信支付最大的问题便是安全问题，由于没有账户，只通过绑卡就可达到支付目的，一旦微信号被盗，用户的资金问题就存在安全风险。

微信为保护用户财产安全，再次加码，宣布与中国人保财险（PICC）合作，为用户推出全额赔付的保障，喊出"你敢付，我敢赔"的口号，为移动支付产业的用户安全保驾护航。微信用户在使用微信支付过程中产生的资金被盗等损失，可获得PICC全赔保障。而且在申请赔付时，用户只需提供身份证明和相应损失的真实性证明，即可获得全赔保障。

之所以敢喊出"你敢付、我敢赔"的口号，还是由于腾讯做足了功课，很有底气。这种全赔的赔付机制是微信用户发生支付意外时的最后一道防线，它在用户账户出现损失时，为用户提供全额补偿，让用户的账户安全有了强有力的保障。随着社交电子商务的发展，用户更多的移动购物将发生在社交生态系统内，腾讯公司"你敢付，我敢赔"全赔模式的推出，可谓是给用户吃了一颗定心丸。

在微信号召用户接入了大量银行卡后，制约用户使用的核心问题就是安全。要知道，没有百分百的安全，再强的安全体系也会有网络牛人找到一丝漏洞，而且最重要的是此安全不仅取决于微信是不是真的"安全"，更取决于用户对微信支付有没有"安全"的印象。所以，腾讯只有不断完善安全措施，做到防患于未然，并让用户在使用的过程中有安全感，出现问题能及时保障用户的利益，这就是成功的。

其实早在产品推出之初，马化腾的微信支付就做出了"因为安全，所以敢赔"的承诺。而且，在微信5.0发布之初，马化腾也是抱着谨慎试水的态度，较为低调。在经过一段时间的稳定运营，并验证过所有的保障措施之后，微信支付才逐步受到众多合作伙伴的青睐，成为市场热门。而与PICC合作的"你敢付，我敢赔"全赔模式无疑是在之前安全承诺基础上的升级服务，旨在为用户打造更安全的移动互联网环境。

另外，财付通风险控制负责人也表示，微信支付不会为了追求便捷而降低对安全措施的要求，而是在便捷和安全之间寻求平衡和优化。微信支付凭借财付通的技术支持、多级风险控制和保险赔付的完整体系，成为市面上最为安全的移动支付工具，自推出就受到许多用户的欢迎，其颠覆性的创新支付模式，让消费者充分感受到移动互联网时代消费的快捷方便。同时业界人士也指出，马化腾与PICC在用户损失全额赔付方面的合作，将进一步完善微信支付的安全机制，并为微信支付在移动支付领域的竞争带来一定的优势。

为了保障广大微信用户的安全，微信支付的接入十分严格，在商家的选择上，均需经过严格的评估认证，要满足多项审核条件才可以进驻微信，成为微信支付的商户，特别是商家的信誉问题。

对于微信的支付商户，目前只针对一部分通过认证的商家开放了支付功能，这些商家在市场上都有着一定的知名度。比如大众点评、易迅、唯品会、南航、广东联通等都相继开通了微信公众账号和接入了微信支付。而且在用户向商户付款时，通过认证的商户支付页面会显示微信安全支付字样。财付通公司在微信支付上做的这些细节和措施，均是为了在最大程度上保障用户交易的安全。

微信支付通过接入可靠商家，给消费者的生活带来了极大便利，消费者随时可以通过微信来充话费、买电影票，还可以订餐、网购机票等等。然而对于商家来说，接入微信平台不仅可以更有效地和微信用户建立联系，还可以通过微信公众平台，有效地进行客户管理和信息沟通，最终让用户享受到优质服务。

微信支付在各领域接连接入，越来越多的第三方优质电商引入微信支付功能，生活电商如大众点评，餐饮如呷哺呷哺，视频如优酷、腾讯视频，订票如香港航空、南方航空，银行如招商银行，等等。微支付改变了传统的交易方式，成为腾讯移动电商未来发展的重要趋势。

在这种全新的商业业态中，越来越多的公司开始采用微信公众账号来服务客户。而且由于微信支付操作门槛降低，满足了用户在不同使用场景下即时、碎片化的消费需求，为消费者带来了更便捷的消费方式、更优质的服务、更精品的移动生活，也创造和带动了一个全新的商业形态。

手机社交平台本身就是一个社会，社会中的用户最大的需求就是消费。微信从用户服务出发，超过4亿的用户、每日不断攀升的用户活跃度，让微信在短时间内成为一个巨大的移动支付入口。微信离用户更近，拥有极佳的支付场景，赢得了业内人士的认可，而且微信不断自我变革、少说多做的风格，也符合互联网瞬息万变的发展规律。马化腾借助微信的平台优势和支付的便捷体验，让电商行业充分发挥出了移动互联网的优势。

更多线下的商家、店面通过接入微信支付功能不仅可以享受到微信用户的增长空间，有机会拥有自己的品牌，还可以通过微信生活平台的杠杆作用，更方便地接触用户，抢占年轻一代消费新习惯的制高点，整合进入微信生态圈，将给传统企业转型O2O带来成熟的移动互联平台及庞大的客户流量，这也是微信支付所带来的新机遇和新模式，这个市场要比传统的电商市场庞大得多。

其实，作为马化腾旗下产品，微信凭借腾讯多年的账号安全积累和财付通的支付服务优势，在支付安全领域已经拥有相当过硬的技术保障。而微信支付与中国人保财险公司推出的全赔模式则让用户消费变得更安全、方便，这也有利于实现线上线下结合，拓展社交的纬度和宽度，将来不需要投入资金和人员开发 ISO 或 Android 版 APP，只需在微信官方账户简单设置即可实现大部分功能。

三合一，玩转互联网金融

随着移动互联网的迅猛发展，移动支付也逐渐兴起。移动支付是一个拥有庞大市场的蛋糕，吸引了众多抢食者，电信运营商、银联、第三方支付等都在积极布局，激烈的竞争使每一位参与者都感到巨大的压力。

2013 年，老牌百货企业新世界百货中国与腾讯旗下第三方支付公司财付通联合发行了一款基于微信应用的虚拟预付费卡——新世界百货"微乐付"卡，面向个人客户、小额消费、便民支付、折扣优惠、实名制登记是其主要特色，以微信为平台进一步探索 O2O。微乐付首创会员卡、积分卡、预付卡三合一模式，通过虚拟卡的形式，可以帮助新世界百货真正实现信息流、资金流及 CRM 体系的有效整合，形成百货公司的 O2O 闭环。这也是马化腾的财付通首次正式发布微乐付品牌。

在马化腾看来，这是 O2O 战略的进一步深化：以微信为平台，通过微信支付在线购买，将消费者线上行为和线下消费结合起来。与传统的预付卡程序不同，微信用户在新世界百货消费时，不再需要携带实体卡，在使用"微乐付"时，也不用亲自去做跑商场、填数据、缴费等麻烦的手

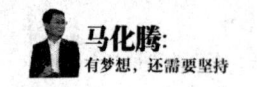

续，只要通过微信就可以完成开卡、充值、支付、余额查询、会员积分等卡片的管理操作。

无论用户身在何处，只要打开微信就可以随时查询该店的各类优惠信息和礼券，各类优惠信息一手掌握。而且马化腾这次推出"微乐付"集会员卡、积分卡、预付卡三卡合一的模式，也可保障用户在消费积分时的实时归结，用户不会因为忘记带积分卡而损失这次交易的积分。

新世界百货一直都非常重视满足消费者需求体验，微乐付卡的推出，可以帮助百货公司回归零售的本源，使得能与用户更好地进行沟通。用户体验才是百货企业生存发展的唯一硬道理，虽然电商并不是唯一的途径，但绝对是比较重要的途径。传统百货与互联网企业的融合发展，也将使双方达成双赢。

新世界百货与财付通的首次合作，或将开启"百货+O2O"合作模式的新未来，马化腾当时对微乐付寄予厚望。微乐付将成为财付通与其他预付卡发行机构共同开拓市场的承载，随着用户通过微信支付给"微乐付"卡充值的需求增多，未来微乐付将整合更多的预付卡机构，形成以预付卡、消费积分、客户CRM系统三位一体的开放平台，成为新的移动支付方式。

然而作为一个社交工具，微信在安全上距离金融级别的要求还不小，微信支付的安全性成为关注焦点。许多媒体和公安系统的官方微博对微信的安全性做出预警。对此腾讯表示，O2O正在引领未来销售趋势，无论是传统行业还是互联网企业都十分看好这一市场，所以腾讯对这一领域也给予了充分的支持和重视。微信支付将通过技术保障、客户服务、业态联盟、安全机制、赔付支付等安全保障为用户提供安全防护和客户服务，并且还与中国人保财险合作了全赔模式，在安全上不构成威胁。而且除了新世界百货，腾讯财付通未来还将与更多商家进行预付卡创新尝试，给消费者提供更多、更全面的移动支付生活方式，给用户整合更多的优惠资源。

马化腾通过"微乐付"改变了用户的线下支付形式,在未来可以让用户在上街购物时告别装满各种积分卡、预付卡、信用卡、储蓄卡的钱包,完全由虚拟预付卡构建的"手机钱包"取而代之。新世界百货与腾讯财付通实现了会员互通,并配备了 50 人的技术团队,率先于香港新世界百货和上海巴黎春天浦建店推行,随后在上海、北京、武汉和郑州等多家分店相继开通"微乐付"支付形式。新世界百货微乐付卡在大数据应用方面的作用,依托互联网企业在大数据领域的先天优势和未来拓展空间会慢慢开始显露。

"微乐付"卡的发布将是马化腾的微乐付品牌的开始,也是继快捷支付、微信及 QQ 平台的移动支付之后,财付通支付体系的"三驾马车"之一。

网络支付格局重新洗牌

马化腾针对网络支付在 2013 年以后出现的这种爆发趋势,指出大家认可这种支付形式,主要是与传统的支付方式相比,网络支付有着无可比拟的诸多优势:首先,方便、快捷。人们在网上可以通过财付通缴纳多种费用,如电话费、有线电视费、煤气费、水费、电费等等,网络支付让人们的生活充满了便利。

其次,灵活、经济。网络支付支持从大额支付到小额支付甚至微支付,微支付是指那些款额特别小的电子商务交易,如浏览一个收费网页、下载一首歌曲、上网发送一条手机短信息等,由于互联网的快速普及,经常会发生这类小额的资金支付,因此使用网络支付会让这一切变得方便灵活。

再次,及时、高效。网络支付采用数字化的方式完成款项支付结算,这也使得支付更加准确高效。另外，网络支付随时随地可以为用户进行全年365天、每天24小时全天候服务，同时也不限地点和方式，只要有网络就可以达到支付的目的。

最后，安全、匿名。网络支付系统的审查能力，可以使交易具有不可抵赖性；支付全程使用数字货币，有效地防止假币的产生；而且交易信息、电子货币等都具有不可伪造性，也可以防止重复支付。最重要的是网络支付是基于虚拟的网络环境的，因此匿名性很强，付款人和收款人可能互不相识，如果顾客想要匿名，他们的身份同样可以受到保护。

通过互联网等技术的不断创新，网络支付将购物流程、支付工具、安全技术、认证体系、信用体系，以及现在的金融体系融为一体，在不少领域已形成较成熟的商业模式，让第三方支付市场变得普及，消费市场巨大潜力加快释放。行业支付、金融支付、网上支付、移动支付、POS收单等网络第三方支付市场正迎来巨大的"蓝海"。"互联网支付"市场竞争格局逐步清晰，各家企业正逐步寻找到各自的立足点及独特的行业优势。未来支付企业的成败，既取决于创新，也取决于效率和成本。

自从2011年5月人民银行向第三方支付颁发支付许可证以来，以互联网支付为主的电子支付企业全面覆盖，让国内第三方支付也走出了政策的"灰色地带"。网络支付作为一种新兴的支付领域，针对用户的猎奇心理，有着一定的吸引力，随着各种缺陷被不断完善，让越来越多的使用者有了依赖性，第三方支付企业从这里看到了巨大的利益。

随着智能手机的普及，人们对其依赖性也逐渐加强。据数据统计，在2012年，中国移动支付交易规模已经达到1265亿元。2018年，中国移动支付交易规模达到277.4万亿元

在移动支付的趋势下，马化腾推出了微信支付，微信作为目前最流行的移动互联网应用，其社交黏性无人匹敌，用微信支付让生活变得更加简单方便。比如微信支付里有一项是AA收款，主要是让朋友在聚餐之后，

可以方便地通过扫描二维码的方式来完成付款；还有用户如果要购买衣服、美食、旅游服务，都可以使用二维码技术来完成。

马化腾在移动支付领域的快速发展，在一定程度上也冲击了其他公司。网络支付市场规模壮大的同时，瓜分蛋糕的机构和支付手段也在不断扩大。面对着网络支付市场这块诱人的蛋糕，越来越多的互联网巨头也开始想插一脚。

第九章

街景地图,足不出户看天下

腾讯地图错过了智能机普及的黄金竞争期,但这并不代表其地图产品的惨败。"腾讯地图并不仅仅是个地图",200万公里的街景采集行程足以使其脱离工具属性,并逐渐演变为一个本地生活服务平台。

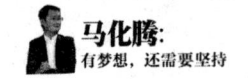

抓住未来的趋势

网络的普及，为人们的出行带来了一定的便利，出门不再需要到处去找哪里有卖地图的，直接从网上搜电子地图或安装导航平台就可以找到详细的路线，比纸质地图更直观、更方便。

当 Google 推出了三维街景地图，并在国际成为流行趋势后，善于捕捉新鲜信息的马化腾也将注意力转移到了街景地图上。腾讯发现街景地图不仅可以准确指出目的地方位及路线等信息，更能为用户提供更准确、逼真的详细信息。点开某条街道，除了文字信息和电子地图等传统信息，街景地图还呈现街道两边的建筑、商铺、道路等真实状态，用户犹如身临其境。马化腾从中看到机会，认为街景地图是未来的一个热点。

虽然街景地图是一个规模宏伟、技术复杂、投入和维护成本超高的项目，但三维街景却能够提高亿万用户的出行品质，而且在研发上，腾讯是国内少数有能力进行这个高资金密集型项目的互联网公司之一。马化腾决定开国内之先河，将街景地图打造为战略性产品和开放式平台，同时也希望能在这个平台上诞生一批创新企业，共同利用街景地图发展，致力于改善用户线下生活的品质。

想和做，需要一个过程，尤其是对于街景地图来说，需要的是更多精准的数据、更多图片的汇集、更多人员的日夜编程。从 2008 年腾讯开始关注街景，到推出街景，历时三年的时间。

2012 年 12 月 13 日，腾讯在 PC 端推出了属于自己的街景地图试用版，当时还被称为"SOSO 街景地图"，但后来因地图监管政策等因素而下架。之后腾讯地图团队又经过几个月的努力，将原有街景地图中如人脸、私家车牌等敏感信息统一清除，并与政府部门共同制定街景地图监管政策,以及扩大地图数据采集,腾讯街景地图终于正式推向了市场。

在腾讯街景正式发布的第二天,恰逢广东互联网大会,马化腾在大会上力挺街景,称腾讯街景的开放,是腾讯开放平台能力的重要体现。没过多久,腾讯又迅速把街景推向移动互联领域,让移动网络用户充满期待。

腾讯还与马蜂窝旅行网进行了战略合作,马蜂窝国内旅游目的地全面嵌入腾讯地图,覆盖约3万个旅游景点和餐饮酒店。腾讯地图的引入,为用户在旅游目的地掌握景点、餐饮、住宿等旅游信息提供更大的便利,不仅可以准确为旅客指出目的地方位及路线信息,还在此基础上将景点周围的建筑、布局呈现出真实的图像,让用户一览无余。将腾讯街景地图引入国内旅游景地,也让马蜂窝成为国内首家引入街景地图的旅游攻略平台。

在当时的腾讯地图上,腾讯展示了街景地图的四大亮点:

第一,数据全面。本地线上运营的地图涵盖6座城市,覆盖了70余处的著名景点景区,还有6座城市的10000余幅夜景场景和上海黄浦江景,面向学生用户群,腾讯还推出了66所高校的街景地图。

第二,上线的地图画面品质高。所有图片均达到单反相机级别拍摄高清画质,图片清晰、锐利、通透,视觉效果非常好。

第二,对公众信息采取最严格的隐私处理。由于街景地图采集数据时无法避免会拍摄到海量个人、车辆与公共场所信息,对此腾讯街景地图团队将凡涉及人脸、私家车牌部分和涉及公共信息的敏感区域部分统一采用先程序、后人工审核的方式进行模糊化或纹理移植,保护用户隐私,最后经主管部门审核合格后才能发布上线。

第四,细腻的用户体验。腾讯对访问速度、街景地图与传统地图结合、用户使用街景地图标注地点、与好友分享等方面进行了精巧编排,力求为用户提供最佳使用体验。

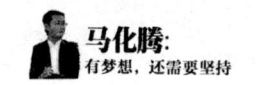

腾讯街景负责人指出，腾讯地图在腾讯开放战略中扮演着重要角色，以后会在产业链及生态圈方面推出各种接口，为公司上下游的合作伙伴提供便利。另外，腾讯也会持续优化产品，根据用户的不同需求，加入更多个性化的功能，在保持用户高活跃度的同时不断创新，不断满足用户需求，更深层次地完善用户体验。

继PC端的"SOSO街景地图"大获成功之后，腾讯同步上线安卓和苹果两大平台的手机街景地图，作为国内首家由互联网公司运营的手机街景地图进一步巩固了腾讯在互联网地图市场的地位。

此时，腾讯的街景地图战略平台才算是成为一个真正的开始。后来当"SOSO地图"一次次不断被调整提升后，终于改名为"腾讯地图"并推出重大版本升级。而且，马化腾在微博上亲自为腾讯地图站台，自此腾讯将地图业务提升为集团战略。从腾讯高层对腾讯地图的重视程度，可以看出腾讯地图在整个腾讯公司战略地位的重要性。

在最新版"腾讯地图"中，腾讯充分发挥"社交细胞"，分享地理位置信息。马化腾称，若将腾讯地图与微信打通，可以把微生活的商家引入腾讯地图，这样商家就可以自己在地图上更新优惠信息和服务介绍，一旦用户使用附近的生活服务搜索时，商家就能及时将优惠信息推送到用户眼前。从用户体验角度带来的革命性变革来看，马化腾推出的腾讯地图为用户提供了更加真实准确、更富画面细节的地图服务，成为国内地图市场厚积薄发的最有力竞争者。而且依据可靠数据，腾讯地图的实时定位准确率高达99.99%，在国内处于顶尖水平。

在2014年的腾讯移动开放战略大会上，"腾讯地图"宣布正式加入腾讯开放平台，将街景地图、实时定位、兴趣点检索、出行服务、地理编码服务、LBS云存和云检6大LBS能力向开发者和中小企业开放。将跨平台支持Android、iOS、Web/Wap、Web Service、LBS云端5大平台，实现从云到多种终端的一体化整合能力，标志着互联网行业新地图时代将提前到来。

作为地图产业升级的信号，在线电子地图产品从简单、基础的电子地图，全面向直观、真实的实景电子地图发展，地图产品呈现出新的发展趋势，而且实景地图将直接改变竞争格局。

目前，腾讯的街景地图在国内属于一枝独秀。随着技术实力突出、产品性能出众的腾讯街景地图这一革命性产品的诞生，不仅填补了国内在这一领域的市场空白，成为业界更具创新、突破的领航者，也大大拉近了与国外街景地图技术的差距，更标志了中国电子地图产业正式迈入实景时代。

我不入地狱，谁入地狱

腾讯的街景地图主要是通过街景车拍摄城市、街道或其他环境的360度全景图像，然后经过专业人员进行技术性处理，最后上传到网站，供访问者浏览，开创了一种全新的地图查看方式。看似简单的背后，是腾讯庞大的资金和专业采集技术部门全力支持的结果。

马化腾称街景地图是一个高资金、密集型项目，在国内少有互联网公司能承担得起这个项目的耗资。那么，腾讯研发的这个街景地图到底需要多少资金投入呢？通俗点说，做街景究竟要花多少钱？下面我们可以通过腾讯内部的一些资料来分析一下。

腾讯街景采集员马尧曾说："由此，也算是本着我不入地狱谁入地狱的心情，作为一家大型互联网公司，满足用户需求，填补行业空白也是项社会责任，腾讯开始在地图街景工作布局发力。"

填补行业空白，并不是马尧在说大话。在腾讯公司之前，国内还没有一家企业真正在街景地图上用心。最初做街景，是因为公司高管对高科技

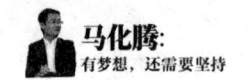

和天文地理方面一直有关注，但因为做街景地图首先它的投入比较高、见效周期长、盈利性差，所以一直没有执行，直到2010年，中国街景地图还是空白。其次街景地图也不是说要做，就立马能做的，它需要各种资质来支持。从地图测绘资质，到地图发布资质和互联网服务资质，腾讯在做街景地图之前用了半年多时间同有关部门进行协商。

腾讯要做街景地图就要从零开始，从采集各种图片数据开始，一步步让中国各个城市的街景呈现在图片上，不仅要包括各条街道小巷及建筑商铺，更有甚者一些房屋的内部布局都要涉及。腾讯街景地图将覆盖全部省会城市和80%的二线城市。

如此庞大的街景图片数量，都是腾讯街景采集员，背着摄像机或开着街景采集车一张张拍出来的。而且为了拍出高品质的街景，对天气的要求也比较高，一旦遇到阴天、雾霾、下雨等天气，拍摄工作就不得不暂停。尤其是最近几年的空气质量，对于像北京这样的城市，好天气的天数屈指可数，因此一些大城市经常需要十几个腾讯地图采集团队共同协作，要采拍三到四个月才可以完成。

街景采集，首先各种拍摄设备、房租、水电、过路费、加油、车辆维护这些基础的方面需要花钱，其次还有器材保养、后期处理、人工成本等费用。整个算下来，平均每采集1公里需要花费金额在200元左右，而前期采集和后期制作两块则分别各占200元中的50%。200元，乍一听是没多少，但要结合腾讯地图长达200万公里的街景计算，就是四亿元，这也只是保守的数据。街景地图的覆盖面越广，前期数据采集的成本就越高，后续更新街景地图的投入又将是一笔不小的开销。

而且街景这样的产品到现在还没有一个特别明朗的"钱景"，不能立马变现。再加上，街景地图不说投放市场后，后期只要维护就可以了，腾讯还要根据城市不断地变化，对街景地图进行更新。另外，随着腾讯地图越做越细，还需要扩充街景团队，人力成本的开支也正在一路高升。

第九章
街景地图，足不出户看天下

可见，这是一项多么大的工程。腾讯有关人员透露，腾讯的街景采拍工作每年的投入以亿级计算，腾讯已为街景的上线投入了"数亿元人民币"。正是因为做街景需要如此巨大的投入和精力的付出，所以使得国内其他地图类公司较少开展街景采拍工作。哪怕是百度、高德等公司也只是购买其他小的专职采拍公司的数据，进行有针对性的地图开发。

对于街景这样需要巨大前期投入，但又不能立马变现的项目，哪怕对腾讯这样一家资金雄厚的公司来说也需要下一番决心，这样的投入规模需要相当的气魄。而且街景能玩出多少花样、消费者又能从中获益多少，这些问题都视街景的想象力有多大而定。但是马化腾一直在坚持着。

为什么腾讯非要做街景地图呢？事实上，腾讯开始做地图时，并非只想做一款直接 2C 的互联网地图，它要为腾讯旗下社交产品提供位置服务。因为社交平台才是腾讯的立命根本，就腾讯本身而言，它所研发的大部分产品的地位都低于社交和移动互联这两个概念，初衷都是为社交服务的，腾讯地图一开始也是如此。我们从腾讯地图的深度上也能看出，其本质是在整合资源的同时为腾讯内部提供地理的服务。即使腾讯地图发展到现在，已经逐渐转型，以街景为优势的直接 2C 产品则是未来主要的发力方向，但它依然不能脱离帮助微信、QQ 等产品提供位置服务的重任。

事实上，无论从腾讯筹划做街景开始，还是到现在，"街景"都是较为领先的互联网概念之一，腾讯的布局是在未来，而非当下。而且，腾讯地图的底层数据都来自高德，当高德高调转型移动互联业务后，这让嫁接高德底层数据的腾讯"如坐针毡"，不得不未雨绸缪做好全面的准备。因为比起背靠四维的百度，以及本身就拥有着全套牌照的高德来说，腾讯涉足地图领域深度的优势并不明显。为避免最基础的地图数据把握在竞争对手手里的命运，它要有足够的能力成为地图数据提供商，哪怕那些数据只是供自己使用。目前，腾讯街景数据的产品化仍在初级阶段，但依靠微信、QQ 等腾讯内部产品，已经开始显露出自己的优势，其在产品应用的

· 167 ·

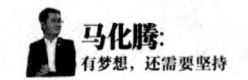

广度上远胜于上述两家。街景这款平台级的产品最终也要走开放的道路，借助外部的创造力拓宽它的想象空间。未来，腾讯地图将开始以此切入O2O市场，并逐渐推进"智能出行"的概念。

腾讯地图通过使用新的地图技术，把辽阔的中国数字化，为用户提供更加准确、更富画面细节的地图服务，营造新的产品体验。通过腾讯地图，用户在浏览街景地图的时候可以真实地看到街道上的高清影像，真正实现了"人视觉"的地图浏览体验，它比2D地图更加生动，更有可读性和娱乐性。

腾讯地图不仅仅是个地图

腾讯街景地图中，街景只是一个方面，最重要的是腾讯的手机地图与生活服务相结合，拥有着众多创新功能。

为了研发街景地图，腾讯街景采集员拍摄了100座城市的街景图片，其中还包括众多的旅游景点，而且图像质量也属于高品质，所以，用户不用出门就可以通过街景地图浏览全国各地的景点景观，这不是2D地图可以做到的。很多时候，一个产品的很多亮点一经推出，立马就会被竞争对手"习得"或加以改造，瞬间变成了别人的优势。但腾讯的街景地图却是个例外，由于它所需的庞大的资金与数据构成，让其他公司望而却步。

腾讯地图上的街景城市累计100座，行程200万公里，总有你熟悉的地方。当用户从另一个角度浏览自己居住的城市街貌，或许还能从中发现以前没有留意过的地方，城市的真实结构图呈现在眼前，用户的记忆不再是某个街道名字、某条街道路线图，而是它们全部的真实面貌。用户想去哪个城市旅行或去哪个景点参观而没有时间，则可以通过街景地图真实地了解到当地的风情，甚至还能进入景点的建筑、某家酒店的内部等等，身临其境。这不是一份地图能带来的美好体验。所以，腾讯地图，不能简单地定义为普通的地图。

如果你认为腾讯重金打造的街景地图就是为了让用户能更直观地了解到某个城市、某条街道，那你就大错特错了，街景地图作为地图的基础数据，只有更好地运用才能发挥更大价值，马化腾的目光比我们想象得更远。

在苹果版及 Android 版腾讯地图 4.0 上，我们可以看到马化腾不仅将街景地图由原来的"SOSO 地图"改名为现在的"腾讯地图"，还将室内街景、实时路况提醒、团购业务、支持微信账号登录等等加入了地图中，提升了用户体验。随着"腾讯地图"的后期维护与更新，功能也在不断地增加。此举意味着地图业务在腾讯内部的战略性地位提升了一个层级，将会获得更多的资源及支持。这也体现了腾讯整合业务的决心，将来我们可以在"腾讯地图"中发现更多由腾讯其他业务延伸出来的新东西。

凭借街景地图以及实时路况等提供的出行服务，"腾讯地图"被外界称为"三维"打"二维"。据内部人士透露，街景地图是他们建立的一个平台，通过微信公众账号的开发平台，把街景实时调用，这个产业链会受到许多商业的欢迎，更有利于商业流通。"腾讯地图"接入微信后，就将其商业潜质开发出来了。O2O 与街景地图结合，实现了 POI 数据的实景化，这在全国也是首创。

目前，腾讯街景的应用场景主要划分了四个功能：

第一，具有娱乐功能。主要是满足用户体验的新鲜感，让人觉得有意思。比如通过街景地图，可以在家查看镜泊湖、朱雀山、鄂尔多斯大草原、沈阳故宫等全国知名景点，足不出户逛天下，对比较"宅"的用户来说是比较新鲜的。

第二，是很好的地图工具。街景地图成为一种"真实的"地图工具，实现实景逛街。以前用户只能在二维地图上查询地名，到达之后需要进行

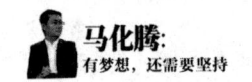

精确导航。现在利用腾讯地图，可以精准定位，即使没有网络也能定位，用户对要去地点的街景一目了然，而且清晰度、流畅度和 Google 街景相差无几。除了街景标识外，道路名称及当前用户方向也被标识出来，同时也可以通过双击随时"放大"周围的景色，这对于"路盲症者"来说显然是个福音。

腾讯地图除了街景功能上的创新外，还将"导航"独立出来，大幅优化了导航体验，并且支持"步行"导航功能，能提供多种换乘路线选择；在"驾车模式"中加入了红绿灯数、实时路况提示，用户可以根据当前拥堵情况智能计算路线，最快到达目的地。如果用户的手机支持电子罗盘，街景还可以自动旋转保持与用户同一个方向，这一功能不仅很酷，也很实用！

第三，具有服务功能。服务属性是指利用街景为用户提供商业或公共活动等生活类的服务。如用户在搜索地点或者附近的生活服务时，可以通过街景地图，对目标地点有直观的了解。比如在腾讯手机地图上可以查看餐饮店用餐环境、酒店的住房条件等等。

通过实景，腾讯地图让用户不用去实地就可以对店铺有初步的了解，帮助用户在寻找的时候更有针对性。不过鉴于精力和成本原因，目前腾讯地图的内景图数量还不是很多，相比外景图缺乏规模，只是一些照片罗列，不能像外景图那样自由移动。

腾讯地图在推出 4.0 版的时候还整合了打车服务，可以通过地图自动获取用户的位置，用户只需要确定自己要去的目的地和打算支付的小费，通过手机号验证后即可向周围的出租车司机"扩散"这条消息。司机可以直接和用户联系，达成"申请"服务。

当然，腾讯拥有在移动社交、资讯服务等方面的平台优势，生活服务类的项目不止这些，用户还可以享受到腾讯地图精选的优惠券、团购活动、购房指导等优质的 O2O 服务。

第四，具有社交功能。在无社交不应用的时代，地图也必须具备社交功能，分享地理位置是最为简单的应用。腾讯地图作为业内首个实现实时动态显示位置共享功能的手机地图，可以通过卫星定位，精准显示用户的实时地理位置。只要打开手机腾讯地图，并向对方发送位置共享邀请，对方回应后，就可以查看好友的实时位置与距离，双方的地理位置以及相距距离，位置移动的更新信息等实时动态就会显示在界面上。另外，腾讯地图还为用户提供了实时沟通的便捷通道，点击地图界面上两个闪烁的"大眼睛"，可以看到双方地理位置的详细信息，甚至还可以进行交流。

实景与O2O、导航相结合的构架给用户带来了新的、全方位的体验。对此，业内相关专家表示腾讯地图上线的位置共享功能，不仅提升了生活服务性方面的用户体验，而且通过将动态更新与位置分享相结合的方式，引领了业界同类产品在页面交互性设计和技术方面的不断创新。腾讯地图的创新能力，加上已成绝对优势的街景，它以后会具备更多丰富的社交应用。

借微信登"网上中国"的大船

在3年多的时间里，腾讯街景地图采集团队为采集街景素材从热带风情的三亚到玉龙雪山，从西藏高原到东部海疆，到处可见街景采集车以及工作人员的身影，一个巨大的"网上中国"也已经跃然图上。

街景地图在腾讯的重金打造下，采集行程达到了200万公里，街景覆盖100个城市及地区。手机地图APP也与街景、导航和O2O进行了深度结合。这是腾讯继微信、手机QQ之后推出的又一款战略级产品。马化腾表示，腾讯街景地图是腾讯重要开放能力之一。而且在未来，腾讯地图还会持续不断夯实基础数据、基础服务，使得街景可以覆盖更多的城市、加快更新的频次，形成历史变迁的时空记录和O2O进行结合、用户个性化和社区化的相片分享等，街景地图还有大量的空间可以挖掘。

所以，当微信拿到移动互联网第一张船票之后，腾讯旗下地图业务也开始借助微信悄然登上移动互联网大船。后来，腾讯微信平台通过向公众账号用户开放腾讯地图产品API接口，提出"平台化，公开化，自助化"的理念，宣布全面打通腾讯地图与微信，向第三方微信公众账号提供一套基于地理位置的综合解决方案，包括录入网点位置、向用户发送位置、帮用户计算到达线路、查看街景等等。马化腾的"网上中国"地图项目悄然起步。

紧接着，马化腾在北京宣布腾讯旗下的"SOSO地图"正式改名为"腾讯地图"，同步上线4.0版本，并打出新LOGO——北极燕鸥。由此可以看出，马化腾计划将足迹从南极铺向北极，企鹅帝国在腾讯地图上的野心非凡。腾讯地图的这次改名、换LOGO，也象征着其正式成为腾讯的战略级产品。如今，战略地位提高，又背靠微信，腾讯地图迎来了第一春。

用户可以利用微信账号登录微信手机地图，从中可以看到普通的矩形地图、卫星地图和街景地图，也可以使用地图查询银行、医院、宾馆、公园等地理位置，其中还包含了团购、打车、优惠等功能。腾讯地图与微信结合打造的开放能力，不仅大大提高了腾讯地图的竞争力，也将推动LBS行业迎来更接地气的新发展。

马化腾的微信地图API接口，实际上是微信公众平台与腾讯地图定位API、云存储API、云检索API、二维地图API和街景API的整合应用。腾讯将这几项成熟地图技术与微信公众平台的社交、支付等关键组件融合，到时候，用户可以通过微信公众账号直接查找地点，预览环境，直接订座，并且导航到目的地。此外，团购、打车、优惠券等功能也开始上线。可见，腾讯地图对用户的智能出行、智能消费方面实现了大幅度创新。

同时，腾讯地图也解决了微信的两大核心需求：第一，为欠缺开发能力的公众账号开发者简化了地图编辑工作。开发者不用了解太多的技术和代码，只要通过对可视化界面进行简单配置，即可实现地址路线查询、用户周边检索等功能。而且通过腾讯地图提供的街景 API 组件功能，开发者还可以在录入 POI 的同时设定其每个 POI 的最佳街景视角，为公众平台的关注者提供更直观的实景体验。这种方式，极大降低了公众号的操作门槛，企业管理者们可以将更多的精力放在公众账号内容服务本身。

第二，可以为开发能力较强的公众账号开发者提供专业的 OPEN API 接口。通过强大的 OPEN API 接口，开发者可以在地图或者街景上进行自定义标注、覆盖物、事件等定制化开发（例如在街景上进行商家标注），让公众账号开发者的自有业务与街景、地图结合得更加紧密。如果出现对已有地图使用不符预期设想的情况，这些公众账号的管理者还可通过腾讯地图产品提供的 LBS API 进行修正，从而打造属于自己的地图应用。

地图，因为有着为用户随时随地提供定位、路线、导航及生活服务信息等功能，已成为智能手机的标配应用，也由此成为移动互联网的重要入口之一。它引来了不少实力厂商不惜投入重金竞争。所以，腾讯从实景地图入手，让用户"所见即所得"，这是用户体验最苛刻，实现起来也是最有难度的地方，然而马化腾凭借着强大的实力最终解决了这"最后一百米"的问题。

腾讯通过一步一步采集街景，做出具有真实体验的街景地图，以差异化产品构筑起更深的"护城河"。而且从腾讯的布局来看，地图不是"入门级"的战略地位，腾讯要先保证微信的船票到手，当微信等产品的用户基数更大，地图接入之后，地图的用户自然就会积累出来。现在微信基本

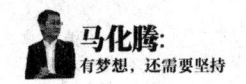

稳固，地图的街景功力也已经达到一定级别，腾讯地图要发力了。除了与微信的开放对接之外，未来腾讯地图还要在智能、实时、实景化上下功夫，通过开发新功能来加紧地图业务的建设，并依靠云、API 等方式源源不断提供给管理者和开发者，让合作伙伴们享受到稳定优质的服务，进一步稳固自己的优势地位。

因此，腾讯街景地图衍生了新的产品和服务模式。比如腾讯地图展现出的室内景将地图展示水平和应用带到了一个新的高度，用户无须赶赴现场，即可实现远程实景看房，第三方公众账号的地址街景可以在微生活会员卡上展现，还有一键街景导航等。这些新的产品形态和商业模式，都是街景地图为腾讯提供线上与线下紧密结合的创新解决方案。众多生活服务功能优势再加上微信的影响力，或许腾讯地图业务很快就能做出成绩。

腾讯过去竞争主要依赖产品，现在则将腾讯地图与微信结合，变为"产品＋渠道"，通过微信平台做生意并提供服务，同时也让微信成为地图服务的入口，实现地图借势微信抢跑的战略，打造出"网上中国"。

200 万公里街景，这就是优势

马化腾的腾讯地图街景采集工作是从 2011 年开始的，靠着 300 多人、50 多台街景采集车，北到漠河，南至三沙，西至克拉玛依，东至延吉，进行大规模的户外街景采集工作。两年时间行程已经达到 200 万公里，已有 100 座城市街景上线。与百度地图、高德地图的街景数据由第三方提供不同，这是腾讯地图的街景采拍团队完成的成果，也是任何地图公司都无法超越的优势。

马化腾在做街景地图时经历了三个方面的困难：一是街景地图管理政

策。由于街景地图在中国的地图行业还是空白，所以一开始并没有相关的监管，凭借自己强大的实力，腾讯成为街景地图监管政策的推动者之一；二是天气问题。由于拍摄街景图片需要合适的天气，因此为了获取更好的街景照片，腾讯地图采集员只能"靠天吃饭"；三是海量数据存储。每年处理1PB数据对于腾讯来说也是一个巨大的挑战。

腾讯地图视觉效果非常好，真正实现了对街景细节的逼真还原，而且地图还可以提供白昼和夜晚两种街景画面，大大增加了用户浏览都市街景的选择，提高了用户体验。每个用户都渴望获得准确、清晰、逼真的在线地图服务，腾讯认真倾听用户心声、洞察用户需求，对腾讯地图不断进行更新升级、增加新功能，努力满足用户不断提升的地图使用需求。为此，腾讯公司为街景地图投入了数亿元人民币。

庞大的资金需求，未知的"盈利"方向，较长的时间周期，不间断的维护让街景地图成为高端产品，腾讯200万公里的街景成为中国地图行业的先驱者。

腾讯地图构建了业界领先的高效街景数据处理流水线和海量街景数据库，它的核心技术均采用自主技术，其中包括3D引擎、云平台存储计算及配套的图形图像技术。腾讯地图采集团队每天处理的数据量超过100TB，可以存满3200个32G容量的手机，而且拥有的街景数据库容量超过2PB，相当于下载了超过100万部2G的高清电影。另外腾讯提供了200亿张在线服务图片，毫不夸张地说，如果将这些电子照片打印成6寸纸质照片连接起来，可以绕地图75圈。由于腾讯地图在技术和设备上的不断创新，申请的各项专利多达70项，其中街景技术专利22项。

马化腾考虑到当时国内用户的网络带宽，当时发布的腾讯街景地图采用的图片有压缩，但腾讯地图已经做好了提供更好视觉效果的准备，随着网络环境的改善，未来将推出更高画面质量的街景产品进行迭代。腾讯地图以街景为特色，并与微信、QQ组成移动端的"三剑客"。

沿着街景地图"走"世界

说到远程，我们可以想到电脑端的远程操控，通过远程操控，我们可以对对方电脑上的任何文件一览无余，犹如自身坐在其面前。而腾讯的街景地图也有着如此的效果，通过浏览地图，我们可以对它所覆盖的全国各大景点旅游区进行远程实景观看，一山一木，一房一屋，甚者屋内建筑构造、摆设布局我们都可以在街景地图上一览无余。远程实景，让用户足不出户游览世界，腾讯地图开启了颠覆性的服务模式，腾讯的这种服务模式对于繁忙的上班族以及宅男宅女来说有着非常大的诱惑力。

随着人们对生活服务品质的要求不断提高，普通地图已经不能满足用户对出行信息的深度需求，在用户需要对如博物馆、酒店、景区，甚至楼盘等室内景进行浏览的话，网络平台该怎么办呢？为了弥补这一空白，满足用户的需求，腾讯地图 4.0 版推出了全新升级的室内景。室内景作为地图产品的全新创新，由腾讯地图克服各种难题进入区域内进行采集，其数据包含了酒店、商户、房产、展馆、博物馆、校园等区域内外的实景图，弥补了普通地图无法给用户的这种切实需求。

远程实景在房产、餐饮、酒店、景点、校园等垂直方向的应用，为用户提前规划旅游景点路线和实地旅游节省了很多时间，降低选择风险，能让用户在有限的时间里去参观更多的景点。

用户如果没有时间外出旅游，通过腾讯街景地图可以达到零距离、零花费地领略到自己想去场景的真实风貌；特别是对一些如博物馆等禁止拍照留念的地方，用户可在线上随时随地看到馆藏珍品，一饱眼福；还有腾讯对校园室内景的采集和丰富，不仅可帮助新生提前了解校园环

第九章
街景地图，足不出户看天下

境，对于已经毕业的学生说，还可以借此回忆大学生活，了解学校的现状。

比如腾讯地图在 2013 年年底推出的桂林街景实景地图，引起了众多网友的点击。用户可以通过点击鼠标，"行走"在桂林市区以及各景点的每个角落，不仅如此，用户还能够 360 度旋转视角，身临其境地欣赏美景中的每个细节。在桂林街景地图上有几个箭头，分别标注着"西南""东南"等方向，用户只要用鼠标点击这些箭头，画面就会按照方向动起来，就像人在游览时向前走，眼前的景物不断"向后退"。腾讯地图还做出了逼真的效果，如用户按住鼠标左右摆动，电脑画面也会随着鼠标往左右两边"看"。同时，左右两边的画面也会无缝转变为真实的街景，连接比较流畅。用户一直点击鼠标，街道沿线的景色也会不停地变化，向上可看见蓝天白云，向下可看见石板路面，好像用户真实地走在桂林街头一般。

桂林是一个旅游城市，因此腾讯地图针对桂林的景点也做了相应的覆盖，而且相比其他已开通街景地图的城市，桂林的街景地图有一个创新之处——支持水面实景游览。用户在桂林的街景图上，还能领略漓江的风光。在地图上点击"漓江"，用户可以通过"乘船"从磨盘山客运码头出发，呈现在用户眼前的是波光粼粼的江面，用户还可以感受到两岸的青山在移动，给人的感觉就像真的在江上泛舟，最后可"到达"阳朔客运码头。

腾讯在街景地图上的说明表示，只要是平面地图上标成蓝色的街道，用户都可以进行街景地图游览。在街景地图上，我们可以看到在桂林市区绝大部分街道都被标为蓝色。这就意味着只要用户愿意，就可以沿着街景地图"走"遍桂林城。

对于桂林的街景地图，有许多用户体验后评价说："图片很漂亮！就好像自己真的走在街上一样。"而且在一些旅游论坛上，也有外地的

· 177 ·

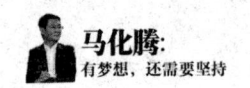

网友表示，桂林"街景城市"地图上线，对于想要去桂林旅游的人来说，有了一份更好的攻略。至少我们可以提前了解到预订的酒店是什么样子的，周边热不热闹，对要去的景点和地方有了一个更真实的了解。还有人说："在网上浏览一次桂林，更坚定了我去桂林的决心。我想去桂林，走得更近地看看它。"可以说，腾讯街景也带动了一些著名景点的浏览量。

另外，用户不仅可以通过PC端查看街景地图，而且为了更好地服务用户，腾讯2012年也发布了4.0版腾讯手机地图。腾讯手机地图作为目前我国覆盖城市最多、产品功能最丰富的实景地图平台，自上线以来不断更新街景数据，丰富街景内容，不仅为用户提供城市、街道或其他环境的360度全景图像，用户可以通过该服务获得身临其境的地图浏览体验，让用户在手机上可以看到众多城市美景的同时，还可以通过使用街景地图了解城市特色，并且通过其不断更新的数据，见证城市的变迁及发展。完善的信息与简便的操作真正实现让用户在手机上邂逅各地风景名胜。

室内景的推出和完善，是腾讯地图依靠科技创新的力量，不断丰富与发展移动地图时代用户体验的重要举措。

如今，腾讯地图街景服务为超过10亿用户提供街景及位置服务，并通过开放API接口服务到互联网生活服务各个方面，推动了互联网产业的发展，填补了国内在大规模街景采集技术与在线网络服务方面的空白。截至2012年，"大规模街景及位置服务系统"已覆盖400多座城市，总里程超过100万公里，取得良好的社会经济效益。

此外，腾讯位置服务日均全球定位请求已经超过600亿次，支持日均1亿次的POI检索，通过支持近百家行业企业的应用，每天向10亿用户提供着相关的位置服务，范围遍及全球200多个国家。

更让人惊喜的是，腾讯地图的室内景还在垂直领域与商家开放合作，打通了商户和用户之间的关联。随着腾讯手机地图在技术、功能和应用上的不断优化升级,以及街景覆盖城市的迅猛增加,腾讯手机地图会迎来一个用户增长的高峰期。

地图虽然是一个工具,但是其功能是最复杂的,腾讯当前的地图服务的潜力还远未被挖掘,腾讯地图最终取胜的标准是功能的完善和使用的流畅,以及精准的信息服务,因此腾讯地图将围绕用户出行等核心需求,将产品打磨得更为出色。

第十章

甩掉"抄袭"帽子,"微创新"走起

腾讯的成功被很多人指责为"抄袭主义"的胜利,马化腾也因此被称为"抄袭大王"。面对诸多讨伐,马化腾大呼冤枉,微创新不等于没创新,毕竟模仿也是学习,拷贝也能创造生产力。

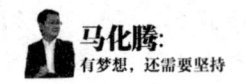

拷贝也能创造生产力

1998年，几个以色列发明狂人研究出来的ICQ被AOL收购，一出道，ICQ就快速触动了20世纪90年代末大多数离群索居者的心，很快成为即时通信领域里响当当的头号明星。

两年后，OICQ在江湖中出现了，这个带有明显拷贝的行为引发了一场侵犯版权的争论。因版权一案，马化腾将"OICQ"正式更名为"QQ"，更加便于识别的名称日渐被人们熟知。

马化腾拷贝来的事业竟然存活了下来，这让有些人感到不可理解。更令人费解的是，当QQ悄悄蔓延后又疯狂席卷互联网时，身为鼻祖的ICQ经营状况却每况愈下，似乎陷入一个怪圈里，找不到一条适合自己发展的路了。当QQ把从ICQ这个师傅身上学来的东西加以微创新后，它就开始了自己的势力扩张之路。现在，放眼全球范围内的即时通信，腾讯QQ都已是当仁不让的领军者。在模仿创新的路上，腾讯已发展成为即时通信、门户网站、在线娱乐、网络游戏等等方面建树颇丰的多栖明星。ICQ却徘徊在垂死的边缘，靠着原始积累下来的一些用户资源勉强为生。谁说拷贝来的东西就不能创造出新的生产力？腾讯已用行动证明给我们看。

马化腾从来不是单一地照搬照拿，他拿来的东西一定是注入了他的思想和温度的，竞争者也许看不到这其中的差别，但是用户却可以感受得到。所以，模仿人人都会，但是模仿却不是生存的技能，有思想和富有创造的模仿才是腾讯独占鳌头的根基。因此，我们不难看到，真正成功的企业即使被强大的对手模仿，依旧能保住行业第一的宝座，淘宝在电子商务领域的王者地位、支付宝在第三方支付领域的地位、搜狗输入法的绝对优选地位无不说明了这一点。

也许有人会觉得模仿他人的商业模式是件不光彩的事，但世界上没有百分百依靠创新获得成功的案例，大部分都是与其他的商业模式和资源嫁接在一起，继而赋予全新的形式和内容才得以生存和发展下来的。借鉴好的商业模式的点子只是第一步，对其商业价值的执着追求和结合市场需求的创新才是找回独立尊严的唯一道路。所以，马化腾才能将已成功的商业模式化为己用，然后经过加工改造形成独特的腾讯模式，不断完善着专属于腾讯的商业模式。

"学我者生，似我者死"，在互联网商业模式的模仿道路上，这句话所隐含的道理依然适用。"学"是模仿，"生"靠创新。马化腾巧妙地把握住了这二者之间的转换角度，所以他不仅成功地将商业模式和技术拷贝了过来，还成功地拷贝到了成功和尊重。

"后发"是避险的最好方法

在马化腾看来，模仿是最稳妥的创新，简单点说，就是利用前人通过失败积累下来的经验，规避掉前人所经历过的风险，直达最优成果。

大家都知道，QQ是模仿ICQ而来的，刚开始，腾讯挪用了ICQ的运营模式，后来通过结合中国本土状况和国民习惯进行了全新的改造和完善，终于在世界范围内风生水起，赶超了ICQ。

所以，要想躲避危机，绕过风险，除了模仿，还必须有自己的自主创新，尤其是加强互联网的技术创新，以及系统级、平台级的创新。例如在商业方面，要突破服务业发展的制度性障碍，改变中国社会资本稀缺造成的商业障碍。

腾讯的模仿和创新，实际是经验共享、风险共担的过程，也是知识融合和分享的过程，是有别于知识产权的另外一种生产方式，是开放共享的

· 183 ·

互联网生产方式。

年轻而充满活力的中国互联网行业，在十几年发展的快车道上，始终是模仿者狂欢的"天堂"。几乎所有国外成功的互联网模式都能在中国市场找到成功的"克隆版"。腾讯QQ模仿ICQ，淘宝模仿eBay，新浪、搜狐模仿Yahoo，人人、开心模仿Facebook，优酷、土豆模仿YouTube，美团模仿Groupon，新浪微博模仿Twitter等等。所有的例证都指向了同一个方向——模仿。对于尚且处于弱势地位的中国互联网创新状况来说，为了保证互联网市场能得以安全而长足地发展，依靠模仿和扩散的生存阶段，将会持续一段相当长的时期。

马化腾不是"抄袭大王"

在创业中，你曾经抄袭过别人的营销模式或管理经验吗？你模仿过别人产品的优点吗？马化腾因为自己独特的模仿技能，被扣上了"抄袭大王"的帽子。

不可否认，马化腾确实是互联网界里的模仿大王，他靠拷贝起家，靠模仿生存，但是"模仿"与"抄袭"却有着本质上的区别。

如果说"抄袭"是一种不怀好意的侵略，那么"模仿"就属于师夷长技，无论是从道德上还是情感上，都是可以被承认和被接受的。

腾讯曾经一度游弋在"抄袭"和"模仿"中间无法脱身，可是，十几年后，它终于用成绩为自己画清楚了坐标。

1998年到2004年是腾讯创新发展的第一个阶段，这是腾讯最初学习型的创新阶段。当时即时通信已逐渐走向成熟，腾讯的聪明之处是在IM上的运用，以及在运营模式上的良性改造。就像当初腾讯产品经理许良在韩国的一个网站上意外看到了"小人穿衣服"的网络虚拟形象后灵感突发,便创想出把网络虚拟形象引入到QQ上,让用户通过虚拟形象传递情感。于是,在经过大量的系列调研和项目规划之后,腾讯历史上最耀眼的明星产品——"QQ秀"诞生了。这个不起眼的细节创新竟然为腾讯带来了数千万美元的收益。

发生在QQ身上的学习型创新理念,还体现在QQ离线消息、魔法表情、移动QQ、炫铃等众多备受追捧的应用上。此后还陆续推动着腾讯推出了QQ门户、QQ游戏、QQ直播和拍拍网等相关互联网产业服务。总之,有很多应用,腾讯都不是始创者,但腾讯总是能够依靠自己的理解和模仿型的创新理念去复制这些模式。

但从一个企业的长足发展来看,并不可能始终依靠复制式的学习创新生存。随着腾讯不断涉足互联网的其他产业,其学习型创新的模式已很难解决公司不断涌现的新难题,这一点决定了腾讯必须有属于自己的创新研发能力。

腾讯对于创新的理解不仅仅是一个好的观念或产品,而是涵盖了核心技术、产品研发、商业模式等所有相关领域。所以,我们不难从腾讯的发展历程看出,腾讯经历了学习型创新、整合创新和战略创新三个阶段。

例如大部分用户都不希望在使用网络平台聊天时用一个账号,游戏时用另一个账号,统一账号系统的服务其实就是腾讯自创的一种整合创新。不同业务之间的整合创新后来也带领腾讯这艘庞大的互联网旗舰开始了一路高歌远航。

除了整合创新,雄心勃勃的腾讯还把创新延伸到了战略创新上。所谓战略创新就是通过考虑用户的生命周期和活动规律来整合服务或应用,以更大程度满足用户需求。例如,腾讯在整个产品创新布局方面的思路就是如何满足两个纬度的用户需求,并会重点考虑用户在三个不同场景的不同需求——工作环境、学校和家庭。这一战略创新使用户享受到腾讯三个不同版本的专业服务。

虽然腾讯是一个以娱乐为核心的公司，但是腾讯在内部建立了小规模的创新中心。在腾讯的员工中有将近半数的人从事研发工作，并且内部专门有开通一个创新平台，长期负责收集腾讯员工内部的创意，讨论创新点子。此外，创新中心还推出对外的腾讯实验室，把腾讯的创意产品放到平台上供用户试用，以此回收用户的感受和意见，同时也慢慢扩大了腾讯实验室的规模和影响力。

可见，马化腾绝对不是抄来的成功，他也不是所谓的"抄袭大王"，腾讯背后的驱动力正是创新。

作为美国创新产业的佼佼者，苹果以其无与伦比的创新精神影响了全球的消费者和创业者。但是与苹果公司事事敢为人先的创新方式不同，腾讯作为中国本土互联网的模范公司，却以模仿再二次创新的方式成就了一番伟业。

管理大师彼得·德鲁克认为："创造性的模仿是创造性仿制者在别人成功的基础上进行再创新。创造性模仿仍具有创造性，它是利用他人的成功，因为创造性模仿是从市场而不是产品入手，从顾客而不是从生产者入手。它既是以市场为中心，又是受市场驱动。"因此，模仿不过是为了更好地超越。创新与模仿也不是冰火不相容的。互联网更提倡聪明的效仿和引进，并不断地在本土进行创新。

想必，马化腾是深刻理解了这其中的道理，所以他不惧怕别人说他抄袭，不怕舆论的浊流，坚持引进和模仿，坚持学习和借鉴，最终脱掉了"抄袭大王"的帽子，赢得了自己的一片天地。

谁说后起之秀就不能大显身手

对于一个国家而言，十多年或许只是历史长河中的一抹剪影，对于一个企业而言，十多年足够成就它的一片天。回望互联网在过去十多年的成长起伏，我们看到了一条清晰可见的"模仿+创新"的发展脉络。互联网行业从萌芽到茁壮成长，在短短十几年的时间里完成了它的巨大蜕变。

谁说这个时代只有巨头才能生存，谁说后来者就不能大显身手？反观国内互联网发展的十多年间的风云变幻，你会发现，这场持久战分明就是一个模仿再创新、再模仿再创新的过程，腾讯这个后生无疑是其中最典型的模仿界英雄。

马化腾从最初怀着对互联网的憧憬开始模仿ICQ，再到结合本土市场适时创新，找到了一条属于自己的增值盈利之路，并反超ICQ，到如今互联网内部以及外界间的不断融合，腾讯这个当初不被看好的互联网新秀跃成为全球范围内的互联网巨擘。

说到腾讯的赶超能力，除了QQ是个典范之外，还不得不提到它在搜索领域的弄潮能力。腾讯精心布局搜索领域，示威百度的壮举仍然令很多人为之惊叹。

虽说在进军搜索领域前腾讯拥有稳定的用户群，社交搜索也渐成气候，但是它的实力远不足以对百度构成威胁。但是当时的情况是，细分领域市场里，传统搜索引擎的优势正在慢慢下滑。当时越来越多的应用蜂拥加入腾讯的开放平台上，搜搜将分散的用户体验串联成一个有机的整体，充当了业务之间的天然纽带，为用户提供着高效整合的一站式搜索服务。马化腾看到了网络搜索的现状，也清楚自身发展的特征，所以，他后来主推社交搜索和无线搜索的行动，显然是有备而来的。

作为一直深耕于传统搜索的百度，经过多年的运营才成就了它无可撼动的王者地位。为了加强自身优势，百度从未放松过改版创新，开放平台，也从未懈怠对提升用户体验的关注。因此，腾讯作为一个后生，要想在这一领域有所作为，除了创新，别无他选。

经过一番深思熟虑，马化腾决定逆向思维，不直面抗争，而是从侧面寻找突破口，伺机赢得市场。事实上，随着微博、SNS 网站的崛起，当时用户获取信息的渠道已经逐渐向 SNS 社区靠拢，并开始分流搜索引擎的流量。而且，传统搜索引擎以关键词、链接为核心，搜索结果精准度低、同质化现象严重，给用户快速准确地获取信息带来了不小的困扰，因此实施"社区化搜索"是腾讯的顺势明举。它让社区化战略布局得以全面延伸，令此前一直混沌不清的社区化搜索得以清晰可见。这也是继腾讯提出"社区化、个性化、智能化、移动化"的搜索"四化"战略后的又一大突破。

过去，腾讯一直专注于面向个人用户的商业模式，未来腾讯的增长也必然是建立在面向商业用户的商业模式上，与电子商务和与广告相关的搜索业务将成为新商业模式的重要内容。然而，计划虽好，但真要实现匹敌百度的高度并非一件容易的事。好在腾讯在社交搜索以及移动搜索上，占得了先机。

如今，腾讯推出的手机搜搜已可以支持跨社交类网站内容的搜索功能，成为国内移动互联网第一个支持跨社区搜索的手机搜索引擎。它的搜索功能主要集中在：搜索结果一键分享、社区应用一键直达、社区内容搜索、精彩互动、资源共享等方面。这是腾讯基于广阔平台和广泛用户基础的又一次得力应用和漂亮转身。

腾讯的"赶""超"行动之所以能成功，主要来自三个因素的结合：

第一，马化腾始终能保证着眼大局。太多的企业管理者们通常被限制在自己的小范围成就里，一旦在某处受益，便死死坚守，不肯放开。结果导致他们无法看到或者创造更大的发展机会。

第二，马化腾不仅是问题的发现者，更是问题的解决者。大多数企业的领导者只是看到了眼前的问题，但大都只是静观其变，小心行动，并不做出及时反应和决策。这是他们总是错失良机的最大障碍。

第三，马化腾是挑战的勇者。不管是面对可预知的还是不可预知的风险，只要趋势所动，马化腾都有一颗足够强韧的挑战决心。这股向前冲的勇气是最令其他竞争者望而生畏的。

从过去到现在，搜搜一直都在借腾讯拥有的流量、用户、入口等多种天然优势，积极抢占搜索行业的阵地，这被业内看成是腾讯赢得未来的机会。随着腾讯追赶的脚步渐渐加紧，它已经被视为未来最有可能挑战百度地位的搜索引擎。这个搜索界的"小少年"已然长大，它学来了技术，积累了经验，开发了创新力。

"微创新"更容易创造奇迹

如果今天的腾讯只是一个毫无影响力的小企业，那么它绝不会被推上舆论的风口浪尖。俗话说，树大招风。马化腾对这句话有着最为切身的体会。当选人大代表后，马化腾曾在广东代表团驻地被各路媒体疯狂围攻。面对"抄袭""山寨"的种种质疑，他没有躲闪，没有逃避，而是勇敢面对，对记者们大声喊冤称："这是个误解！"

从其产品线来说，腾讯确实有着明显的模仿痕迹。拍拍网与淘宝神似，搜搜与百度等搜索引擎也是一脉相承……于是小企鹅俨然变成了"全民公敌"，不仅被诸多互联网巨鳄围攻，还被数不清的网民攻击，越来越多的人指责腾讯就是一个彻头彻尾的山寨网站。

对于社会上的种种质疑，马化腾对此有着清晰而又理智的看法。其实每个行业的"试水者"都可能会面临同样的质疑，回顾QQ、微信从创立到今天的发展历史，不管是在哪一时期，腾讯在做的事情，其他互联网公司几乎都在做，但人怕出名猪怕壮，因为腾讯是第一个做得比较全面的，所以压力也都压到了腾讯身上。

从严格意义上来讲，腾讯所做的事情并不能构成抄袭，因为每一项工作都融入了马化腾不一样的经营理念，并进行了必要的改进与革新。世界上从来没有绝对的创新，所有的创新都是在现有知识和技术的基础上再提高、再整合。没有过去做基础，就没有后来的创新，换句话说，创新这朵鲜花是深深根植于现实的。第三次科技革命爆发后，计算机和网络技术迎来了井喷式发展，时至今日，这种爆发式的创新已经步入了瓶颈时期。短时间内，很难再有突破性的技术出现，现阶段，创新的最主要表现为组合创新、微创新。

那么，什么才是微创新？周鸿祎在2010年的中国互联网大会上曾经说道："我最近有一个心得，感觉最近出现了一种新的创新方式，就是微创新，我觉着微创新是将来做产品创新的很重要的方法。"

李开复曾在"全球经济展望"分论坛上公开表示：腾讯是微创新的代表。事实上也确实如此。腾讯的很多产品和服务确实是在模仿竞争对手，但却并不是原封不动地照搬照抄，其中融合了很多新元素。关注用户、持续改进自身产品和服务、把客户体验放在第一位，这些都是腾讯身上的闪光点。

没有模仿就没有创新，没有创新就不会有发展。腾讯之所以能够站得更高，完全是因为站在了"巨人"的肩膀上。它以已有的技术为支撑，节约了技术研发的人力、物力、时间和金钱，但它又没有仅满足于模仿，而是在模仿的基础上融入了更多贴近用户的元素，并进行了一些微改进。这种"模仿＋创新"的经营方式，不仅使腾讯很好地规避了创新和发展中的风险，而且棋高一着的与众不同也为其赢得了大量的忠实客户。马化腾用板上钉钉的事实告诉我们，微创新比纯创新更容易成功，腾讯就是一个活生生的例子。

互联网产品不同于普通商品，其所提供的最主要的就是服务，实体商品拼的是质量，而虚拟化商品拼的则是用户的意见，谁的服务让用户更满意，谁就能迅速击退竞争对手，占领市场。马化腾深知，要想做好互联网产品，就必须明确两个前提：一是要从小处着眼，尽可能地贴近用户需求。由于网络用户以年轻人为主，马化腾吃透了年轻人爱玩的心理，所以从QQ宠物、QQ秀到QQ农场、QQ游戏……他牢牢地抓住了一大批忠诚粉丝；二是快速出击，不断试错。互联网的发展速度是有目共睹的，今天的潮流到了明天就可能变成历史，要想在这块风云变幻的市场中争得自己的一席之地，就必须快速出击，犯错不要紧，重要的是错了马上就能调转方向。

腾讯从来都不是技术上的王者，但在微创新方面却有着不可比拟的绝对优势。马化腾就是能够埋头把一个个的产品打磨好，打磨出许多很小的功能，尽管这些功能在技术面前一文不值，但却能够赢得用户的认可，用户用得舒服，久而久之自然就成了腾讯的忠诚客户。这种以用户为中心的做法，正是马化腾决策的精髓之处，不论互联网技术如何发展，其服务的对象永远只有一个，那就是人，而技术扮演的始终只是支撑角色，以技术为支撑把用户服务好，这才是通往成功最短最平坦的道路。

尤其是对于创业型的互联网公司来说，谁善于借助微创新打市场谁就离成功更近一步。"微创新"一来可以减少技术研发的投资，降低研发风险；二来能够轻易地避开行业巨头的锋芒，因此更容易获得成功。马化腾做QQ聊天时没人看好，连投资商都没什么信心，但他就是凭借着"微创新"，一步步从一个小小的聊天服务提供商变成了第一人娱乐平台的主持者。

总之，要想在巨头林立的互联网中生存下来，就必须先学着做"跟班"，只有跟在"老大"的后边才能避免碰上大野兽，才能避免被视为眼中钉，从而免于被扼杀的命运。可是也不能仅仅满足于做"跟班"，永远跟在别人的后面，只能是二三流，永远也不可能成为一流的企业，在模仿的基础上创新，在拷贝的原则上变革，这才是互联网中的生存之道。

微创新，助力慈善

2016年4月19日，马化腾宣布，将捐出一亿股腾讯股票注入正在筹建中的公益慈善基金，透过各家公益慈善组织和项目，支持在中国内地为主的医疗、教育、环保等公益慈善项目以及全球前沿科技和基础学科的探索。不久后，马化腾在香港参加一个国际慈善论坛时透露，腾讯希望每年拿出1%～2%的利润投入公益，同时通过互联网平台的影响力和各种技术手段，促成更多公益活动，并使之更为透明，更加融入普通人的日常生活。

事实上，腾讯自1998年成立，在熬过创业初期的6至7年，进入发展阶段的时候，腾讯就有意愿利用平台从事公益事业。腾讯在2006年到2007年期间就开始筹办公益基金会，这是中国第一家互联网公益基金会。中国公益事业规模成长快速，从2006年的100亿元，在近十年的时间里，增长至1000亿元，其中腾讯的推动力是较大的。在那时，腾讯就在内部做出决定，即每年要把1%的利润投入公益。从具体实践中，腾讯每年的捐献比例大概在1%～2%。

经过这么多年，腾讯的发展势头依然强劲。据公开数据显示，腾讯2015年的净利润高达324.1亿元，同比涨逾30%。这就意味着，腾讯投入公益事业的资金将更高。

当然，腾讯并不只是单纯地出钱而已，腾讯计划充分发挥平台的影响力，搭建人人参与的公益平台，实现数千家公益组织、NGO、公益项目与数亿用户的对接。

马化腾说："我们这个平台能够解决透明度的问题以及实现了'千人千面'，也就是每个人选择他最感兴趣的项目，可能就是在他身边或者最熟悉的公益项目进行捐助，而且还可以不用一次性捐款，可以设定每个月的月捐计划。"

腾讯在从事慈善事业时运用了新技术，这是腾讯慈善事业的特征，通过对人们做慈善方式的创新以实现更大的效果。

马化腾认为，如今中国人用手机特别多，所以近年互联网技术链接公益方面，中国走得比较超前。他提到腾讯公益平台的例子，得出一个结论："现在百分之九十的捐助是通过手机完成的，其中百分之八十来自社交化捐助，比如有个灾难，我认领一个捐助，我发给我朋友，让我朋友一起捐。"

腾讯非常关注运用将许多小创新融入公益。比如，人们可以用微信运动做公益。当一个人每天走的步数超过1万步就可以捐出去，有赞助商配捐一定金额到你想要支持的公益项目；再比如，爱心网友们可以通过微信录音，可以为盲人录制一本有声读物；还有通过QQ全城助力发布信息寻找丢失儿童，等等。

这种微创新的能量是巨大的，人们可以通过各种各样的途径参与公益事业。公益事业的内涵前所未有地扩展了。在此之前，人们不会想到通过运动还可以捐钱，通过声音也能帮助他人。这些微小的创新意义重大，它带动了全民投入公益事业中，使得人们从事公益事业变得更加便捷，而人们也可以通过参加公益运动获得自身的利益。

腾讯还在探索一种急救功能，马化腾介绍说："比如说突然间有人心脏病发，我怎么能够找到最近的心脏的AED这个设备，或者有急救功能这样的人、志愿者在哪里，用新技术一按，他就可以收到call，他知道你在哪里，就可以过来帮助。"

从2015年开始，腾讯就发起"99公益日"活动，连续两年刷新了互联网的公益募捐纪录。在2016年，通过腾讯公益平台，99公益日爱心网友捐款3.05亿元，共有677万人次参与捐款。通过在朋友圈发起的"一起捐"，不少微信用户纷纷变身为慈善达人。加上腾讯基金会及爱心企业的配捐，此次善款总额超过 6 亿，将支持逾 3600 个公益项目。2019 年，"99 公益日"，创下了"捐款人次超过 4800 万、公众捐款共 17.8 亿元"的新纪录，这两项数据都几乎是前一年的两倍。

马化腾："99 公益日真正的价值，不在于短短几天的捐款数额。"让"指尖公益"融入每个人、每一天的生活中去，这才是"99 公益日"的真正意义和初心所在。

腾讯发起的"99 公益日"是一种创新性公益活动。我们知道很多互联网购物节，比如"双 11""双十二"等。通过节日效应，商家往往能销售出比平时多几倍的商品。所以，节日营销是互联网营销的重要内容，是互联网经济成长必不可少的引擎。那么，腾讯发起的"99 公益日"也起到了类似的效果，对于慈善事业有着不可小觑的推动作用。

有人评价腾讯的"99 公益日"活动时说道："马化腾是卓越的社会创新家。他用中产阶层所能接受的文化偏好，将'捐赠'这个公益的核心淡淡地通过指尖，以极度娱乐游戏的形式得以表达。这种包容性是巨大的，它将公益文化穿透了至少大部分中产阶层群体。"

事实上，中国社会对于公益慈善事业一直有一些不和谐的杂音，人们把公益当成强制性的契约扔给了富裕群体，在很多事情上对富裕群体进行了道德绑架。人们习惯把公益慈善事业当成富裕群体的责任。但是，在西方社会中，公益的理念更加深入到普通大众的心理。这其实是中国公益事业有待进步的地方。从这个意义上来说，人人公益应该成为中国未来公益事业的主流。

所以，腾讯在慈善事业上的创新是意义非凡的，它调动了普通人的公益动力，通过具有娱乐性特征的方式，使得人们在进行娱乐活动的同时也能够从事公益活动。

马化腾表示："通过十年的公益实践和探索，日益感到需要一个更长远、更高效的系统规划和架构,以善用财富回馈社会。同时通过专业团队提升公益活动的管理效率,我本人也可以投入更多精力到腾讯的战略、产品体验,以及更长远的公益规划。"

腾讯式创新,一步一个脚印

2015年底,波士顿咨询公司(BCG)将腾讯列为最具创新力公司中国企业排名第一,马化腾随后又荣获第十七届中国专利金奖。在接受采访时,马化腾进一步解释了腾讯的创新观。

他首先认为中国互联网企业能够崛起,最主要的原因是基于本土消费者的创新。也就是充分地理解中国用户的特点和发展方式,开发出真正适合中国网民的应用和服务,持续地对用户产生价值。马化腾说:"互联网行业的技术和模式更新之快,超乎想象。在快节奏的变化中,创新成为互联网公司生存的基本素质。"

但是,他也指出,创新不是炫技,也不是制造一时的热点爆款,提出几个抓眼球的概念,而是对解决问题脚踏实地的坚持。马化腾的话表现了腾讯对创新观的坚持。

对于腾讯的创新理念,马化腾是这样定义的:"我们用'鹦鹉螺'代表腾讯的创新观。鹦鹉螺初生时沉在海底,生长中螺仓逐渐增多,才能对螺仓充气,浮出海面。我们以这样的生物特征和螺旋造型,象征腾讯的创新观:不盲目,一步一个脚印,螺旋式发展。"

某种意义上而言,我们可以认为腾讯的创新观意味腾讯更倾向于修修补补,而不是大破大立。

腾讯目前在实施连接的战略,在连接人、服务、设备方面做了大量工作。马化腾说:"QQ和微信,首先就是满足人与人的连接,实现人的延伸。这既是人的基本需求，也是互联网的本质属性。在移动互联网时代，整个网络更加回归到个体的人。中国互联网的产业，也正因连接而逐步形成一个以人为本、万物互联、没有边界的新生态。连接力可以赋能于人和最微小的个体伙伴，激发社会创新力。"

在2015年的世界第二届互联网大会上，马化腾说道："组织变革以及去鼓励内部创新，甚至是内部竞争是非常有必要的。一个企业如果只靠创始人的精神在支撑，其实它的寿命和可持续性是值得怀疑的，所以腾讯也在思考一个机构、一个企业怎么样能从组织上的创新保持活力。在过去腾讯也曾走过弯路，包括不断调整组织架构，差不多每隔七年就会做大的调整，也是根据行业内部的管制以及创新的压力需求来发展的。"

因此，腾讯允许多元化风格的人才和团队存在，既充分授权，也鼓励大胆试错。马化腾相信通过充满多样性的生态型组织，必然产生创新。众所周知，微信就是在试错和腾讯内部团队竞争中成长和发展壮大的。

对于企业创新，不断试错是必不可少的。一个好的产品都是经过不断更新和改变才最终成为人们普遍使用的产品的。在微信的发展过程中，语音功能帮助微信存活了下来，而"漂流瓶"和"摇一摇"功能则为微信获得了大批用户……微信就是这样一步步成长起来的，所以，没有那种一产生就获得用户认可的产品，只有从幼稚走向成熟的产品。

内部竞争是企业创新必不可少的手段。在日新月异、竞争激烈的市场面前，一个企业往往不可能把所有资源都用于某一产品上，尤其是在这一产品还处于雏形的时候。在这个时候，企业一般会有多个团队，他们负责不同的产品，通过内部竞争，产生最优的产品。只有这样，企业的创新才能规避最大的风险。有一些企业认为将所有资源孤注一掷地用于某一产品的生产，这其实是具有很大风险的。而这显然不是腾讯的创新观所提倡的。

除此之外，马化腾说过，五年前他与他的团队就意识到，企业再大，能力也有限。只有开放协作，才能创造共赢。于是，腾讯坚定地选择了开放，开始学习做生态。

在五年时间内，腾讯开放平台已经聚集数百万创业者，开发应用达400多万款，覆盖生活、医疗、娱乐等方方面面。

马化腾明确表示："在许多领域，我们的合作伙伴是主导。而腾讯非常乐意担当配角，提供基础支持。每个伙伴都可以贡献优势能力，与其他创业者自由连接、交易和创新，这才是我们未来更理想的开放状态。开放是不可逆的，这扇大门只要一打开，就不会关闭。未来，开放平台还大有可为。"

腾讯做开放系统其实是腾讯近几年最大的变化。在此之前，腾讯总是样样自己做，从不把平台开放给第三方公司，所以，腾讯开始开放平台是腾讯历史上的重大变革。当然，这也是腾讯在做了大量的微创新后的自然之举。从某些角度来说，腾讯此前并不愿意开放平台也是腾讯的创新观的体现。因为腾讯并不愿意第三方团队扰乱腾讯的发展节奏，腾讯更愿意通过不断积累发展公司。等到腾讯积累足够了，也自然而然地开放平台了。

在2016年两会上，马化腾还谈到了"互联网+民生服务"的案例。据有关资料显示，截至2015年底，微信的城市服务项目已上线16个省78个城市，共提供包括公安、交管、社保、医疗等在内的2611项服务，平均每座城市提供33项服务，累计服务人次达6881万。

而且，有超过10万的政务微信公众账号，可以帮助老百姓实现包括水、电、煤、宽带、话费的费用缴纳以及出入境业务办理等在内的多种便利的政务民生服务。

同时，腾讯又推出"应用+"。"应用+"接入了各行业的O2O应用，让用户最关心、最需要的内容和服务直接呈现在应用宝的平台上。用户无须下载APP，就能在应用宝中获取吃喝玩乐衣食住行的各种移动生活服务和内容。而对开发者而言，可以更直接、便捷的方式连接用户，将应用的内容与服务更高效分发给用户。

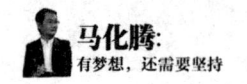

过去几年，从"互联网"到共享经济，再到"数字中国"，腾讯对自己的定位不断有新的认识。将自己定位为各行各业的"数字化助手"角色，在云支付、大数据、AI、安全、LBS等积累的技术与能力，协助各个产业实现数字化转型升级的有效工具。

腾讯的创新着力于一个个小的方面，而且在多个领域都表现显著。腾讯的创新不仅仅在提高腾讯公司的创新能力，而且还为社会创新提供了更多的机会。腾讯的创新将有效地促进社会效率的提高，使得人们的生活更加便捷。